他山之石

新加坡教育观察笔记

庞仿英 著

ZHEJIANG UNIVERSITY PRESS
浙江大学出版社

图书在版编目（CIP）数据

他山之石 : 新加坡教育观察笔记 / 庞仿英著. —
杭州 : 浙江大学出版社, 2022.2
ISBN 978-7-308-21578-7

Ⅰ. ①他… Ⅱ. ①庞… Ⅲ. ①教育事业—概况—新加
坡 Ⅳ. ①G533.9

中国版本图书馆CIP数据核字(2021)第136565号

他山之石：新加坡教育观察笔记

庞仿英　著

策划编辑　吴伟伟
责任编辑　马一萍
责任校对　陈逸行
封面设计　浙信文化
出版发行　浙江大学出版社
（杭州市天目山路148号　邮政编码　310007）
（网址：http：//www.zjupress.com）
排　　版　杭州林智广告有限公司
印　　刷　杭州高腾印务有限公司
开　　本　710mm×1000mm　1/16
印　　张　10.25
插　　页　4
字　　数　168千
版 印 次　2022年2月第1版　2022年2月第1次印刷
书　　号　ISBN 978-7-308-21578-7
定　　价　40.00元

浙江大学出版社市场运营中心联系方式：0571－88925591；http：//zjdxcbs.tmall.com

WELCOME TO
THE HEART OF EDUCATION
NIE
EMBRACING CHANGE
INTEGRITY

访学成员的“全家福”

访学日常之听课、做笔记

陆家祺先生认真查看学员提出的问题

课后师生交流

访学行程之参观新加坡中正中学

参观新加坡中正中学时与该校校长陈毅刚交流

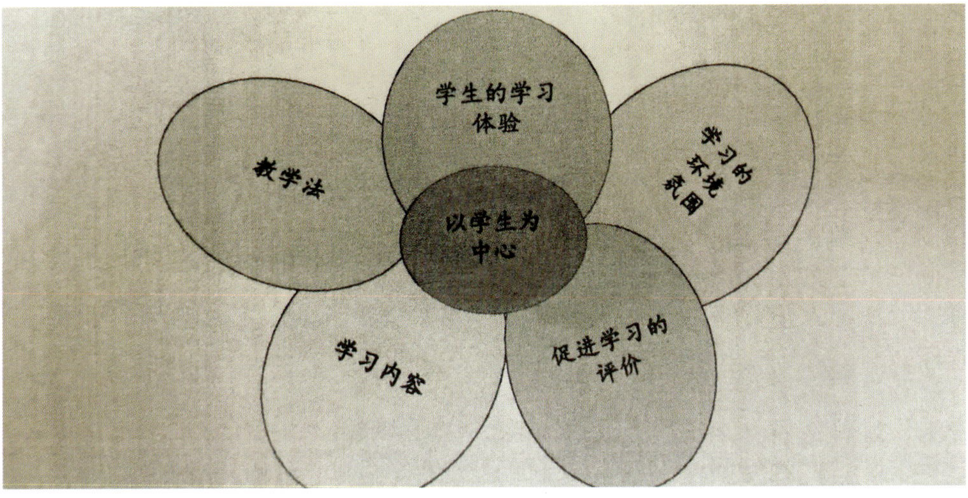

新加坡中正中学的弟子规课程是以“花瓣框架”作为开发基础的

掩映在绿色中的南洋理工大学

南洋理工大学教育学院内景

访学行程之参观新加坡重建局

序

2019年下半年，庞仿英校长作为“浙江省中小学名校长赴新加坡研修团（第六期）”的一员，度过了难忘的三个月访学生涯。在新期间，她勤于学习、思考和写作，积累了10多万字的文字。回国后，在繁忙的工作之余，她把学习成果进一步进行整理和完善，最终以《他山之石：新加坡教育观察笔记》一书出版。作为庞校长专业成长中的“重要他人”，在她的著作即将出版之际，我谈一点想法。

关于优秀校长应该具有怎样的特质或素养，学界研究很多，但见仁见智，莫衷一是。我倒有个很朴素的说法可供参考，即“三度校长”。换言之，优秀校长要有办学的高度、宽度和深度。具体而言，高度是指校长办学站位要高，要锚定学生的“最远发展区”而非“最近发展区”。深度是指校长办学扎根要深，注重挖掘教育的价值和意义，让校园真正成为“一个称作学校的地方”。宽度是指校长的视野要开阔，善于跳出教育看教育、跳出中国看教育。学校管理的理论方法大多借鉴一般的管理理论尤其是企业管理理论。虽然学校与企业的旨趣追求迥然有别，但都是通过人去实现组织的目标和任务的。因此，如何有效地调动人工作的积极性、主动性和创造性，在这一点上两者是共通的。职是之故，一些企业管理著作，如《第五项修炼》《追求卓越》《基业长青》《从优秀到卓越》等，也受到校长们的热捧。

“他山之石，可以攻玉。”出国学习是开阔校长眼界的重要路径。在新加坡，华人人数占总人数的70%以上，中华传统文化深深地影响着他们的生活方式。新加坡教育也是中西文化深度融合的产物。相比其他国家，新加坡教育对中国教育的改革发展更具有借鉴意义。新加坡作为“亚洲四小龙”之一，其高度发达的社会和高素质的国民给人们留下深刻的印象，但这一切都离不开教育事业的发展。可以说，新加坡提供了一个“教育强国”的典型个案。在书中，作者全景式地描述了新加坡教育，既有宏观，也有中观和微观。例如，新加坡教育的“顶层设计”，还有“全人教育”“项目制学习”“国民素质教育”“卓越学校评估”等，这些对中国校长的办学治校均有启发。

与一般著作不同，本书采用“笔记体”的形式，不刻板，很鲜活。作者在书中以三重身份出现。首先，作为一位学习者，书中的内容既是她听课时的真实记录，也融入了自己即时的思考。其次，作为一位旁观者，她对新加坡教育的观察是多角度的，既有仰视，也有平视和审视。最后，作为一位初中校长，她对新加坡教育进行了全方位的考察，但其对与初中教育及其相关联的地方花了更多的笔墨。初中在基础教育阶段地位独特，有人把它形容为“腰部”，当下政府推出的初中提质强校工程很形象地被称作“壮腰工程”。初中校长如能认真阅读此书，也许会有意想不到的发现，甚至会找到学校高质量发展的“金钥匙”。

此书的出版很好体现了作者在出国研修期间所扮演的学习者和思考者的角色。希望借助此书的出版，作者能以探索者和实践者的姿态，把学习成果及时转化为办学成就，从而实现个人成长与学校发展的“双丰收”。这大概也是名校长培训的终极取向吧！

是为序。

项红专

杭州师范大学继续教育学院院长、教授

2021年7月3日

目 录

政策与制度篇

管理与文化篇

课程与教学篇

师生与发展篇

政策与制度篇

走进新加坡，聆听新加坡发展历史，我们对新加坡自独立以来从“积贫积弱”到“誉满全球”的历程心生敬意，对新加坡教育从“优良”迈入“卓越”的历程更是钦佩不已。

小国如何才能在世界之林中生存发展？新加坡教育在国家发展中的定位与成效又是怎样？管窥新加坡教育“政策与制度”篇，你或许会略知一二。

新加坡教育的成功之道：务实和卓越

教育是我们所能给予孩子们最宝贵的礼物。这是对我们的未来最关键的投资和使我们在变化的世界中可以生存和繁荣的最有效战略。

——新加坡总理李显龙于2006年在教师节群众大会上的讲话

在新加坡访学的日子里，聆听的讲座非常多，与教授们的探讨也日益深入，我们对新加坡自独立以来从“积贫积弱”到“誉满全球”的历程，对新加坡教育从“优良”迈入“卓越”的历程，也日益心生钦佩。小国如何才能在世界之林中生存发展，并为百姓谋得长治久安的生活环境？我想，从新加坡教育的发展历程中，我们可以窥得一二。

新加坡教育无疑是成功的。经济合作与发展组织（OECD）公布的“2015年国际学生评估项目（PISA）”测试报告显示，新加坡中学生的科学、数学与阅读居全球第一，超过日本与芬兰。除此之外，新加坡中学生的协作式问题解决能力（Collaborative Problem Soliving，简称CPS）全球居冠。2018年，PISA首次以国际化素养作为一个评估项目，调查显示新加坡中学生的国际化素养在27个参与国家和地区中排名第一。

新加坡政府对教育极其重视。不说新加坡第一任总理李光耀曾兼任教育部部长这事儿，就听现任总理李显龙在教师节群众大会上的讲话（文首引言），我们就可以看到新加坡政府对教育的认识。不仅仅因为教育关乎孩子未来的生活，更因为教育关乎国家生存与繁荣，政府将教育置于国家未来发展的战略高度来看待。以此为证，新加坡政府的教育投入连续10多年均占到了国家总支出的20%左右，实在令人惊叹。表1是我在访学时观察到的数据，有人可能会误以为最近几年新加坡的教育支出在下降，但新加坡知名学者刘叔铭介绍道："新加坡总收入在持续增长。"

表1　2007年至2019年新加坡教育支出占政府总支出的比例

年份	金额 / 亿元	较上年度增长 /%	占总支出比例 /%
2007	70.3	+1	21.30
2008	80.4	+6.6	21.46
2009	87	+5.5	19.94
2010	96.6	+11.1	20.83
2011	109	+10.1	23.14
2012	106	−1.9	21.07
2013	116.3	+10.5	21.78
2014	114.9	−1	20.3
2015	121	+3.2	17.7
2016	128	+5.8	17.4
2017	129	+1.9	17.2
2018	128.4	−0.01	16
2019	132	+0.2	16

当然，那是政府的事儿。作为一名教育工作者，我还是结合自身的工作，谈谈新加坡教育的"务实精神"和"卓越追求"。

第一，"务实"之精神。访学期间，新加坡教育"理念引领、问题导向、任务驱动"的"务实有效"的工作作风总是萦绕于我的心头。

新加坡独立之初，面对不少学生小学辍学、小学毕业考试合格率低于50%的现象，政府先后推出"义务教育""强制教育"政策。从"义务教育"到"强制教育"，体现了国民教育观念从"应该受教育"到"必须受教育"的转变，并从法律上保障了每一个孩子必须接受教育的权利与义务，从而有力扭转了“流生”问题，托住了国民素质的底线。

20世纪80年代，新加坡为了提高学生的自信心，充分利用有限的资源，开发学生的最大潜能，提出了以“效益与能力”为主导的“学习能力分流制度”：小学四年级分流、小学升学考试（PLSE）后分流、中学四年级O水准考试分流，以及大学A水准考试。纵观孩子的求学生涯，新加坡设计出了从小学四年级开始的人才筛选及规划制度。事实上，小学四年级分流和小学毕业分流，在推出初期遭到了不少家长的反对。但是，新加坡政府推行的分流新政，由时任副总理吴庆瑞亲自设计，并向全民进行宣传、解读。分流时，对相关学生及家长进行再解释与心理辅导工作；分流后，也设计了随着孩子学习力提升的转流制度，等等，每个环节细致落实到无懈可击，令百姓心服口服。随着时代的发展，新加坡推出“全人教育”的理念，近几年开始逐步完善“保底不封顶，分流不标签”的分流制度，即将推出的科目编班为学生提供更“合身”的教育，彰显了“因材施教”“有教无类”的分流精神（见表2）。

表 2　新加坡 2018 年（2019 年入学）各初中学校录取分数线排名情况

序号	学校	分数线
1	Hwa Chong Institution IP SAP（boys）	259
2	Raffles Girls' School（Secondary）IP（girls）	259
3	Methodist Girls' School（Secondary）IB（girls）	258
4	Nanyang Girls' High School IP SAP（girls）	258
5	Raffles Institution IP（boys）	258
6	Dunman High School IP SAP（co-ed）	256
7	National Junior College IP（co-ed）	256
8	CHIJ St. Nicholas Girls' School IP SAP（girls）	255
9	Anglo-Chinese School（Independent）IB（boys）	254
10	Catholic High School IP SAP（boys）	254
11	Methodist Girls' School（Secondary）O-levels（girls）	254

注：boys：男校；girls：女校；co-ed：男女混校。

在当代，新加坡更是将教育的每一个环节、每一个细节落到实处，而无数个精心打造的环节与细节体现了过程的扎实与结果的有效。此处，我想分享新加坡中正中学的"《弟子规》情意素养"校本课程开发与实施案例。

10年前，中正中学时任校长王国华认识到校本课程开发与实施的重要意义后，带领全校教师成功开发并实施校本课程"弟子规"。他和全校教师一起分析并明确该课程的实施背景：一是面对21世纪所需人才的社会素养、环球意识与跨文化技能等，当代学生的品格、情意素养日趋重要；二是基于学校为传统华校，90%以上是华人学生，以及学校"知、仁、勇"的价值观，独特的校风催化了课程的推行；三是《弟子规》的内涵清楚地列出了为人子弟，在家、出外、交友和求学应遵循的礼仪与规范。

"弟子规"课程的框架结构经典，以PETALS（花瓣）框架作为开发基础（见图1），保证了课程从开发到实施的系统设计扎实推行。该框架彰显了"以学生为中心"的课程开发目的，构建了完成课程所需的五要素，即学习环境的氛围、学习体验、教学法、学习内容，以及促进学习的评价。比如，在"教学法"中，课程强调建构主义的学习理论，引入价值澄清教学模式、道德讨论教学模式、角色扮演教学模式。在促进学习的评价中，学校设计"力行表"（学校校训为"好学力行"），以成长周记、自评他评、家长反馈三维评价，并进行庄严的结业典礼。

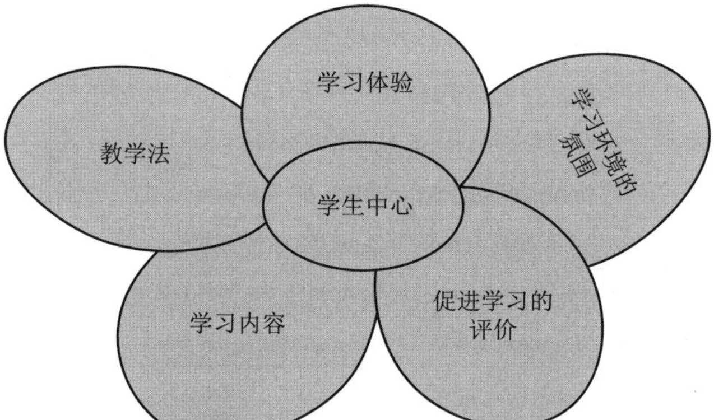

图 1　"弟子规"课程的 PETALS（花瓣）框架基础

在内容解读上，"弟子规"课程追求将课程育人价值落在实处。比如教师引导学生探讨"出必告，反必面"隐藏的含义时，与学生一起辨析"亲有疾，药先尝，昼夜侍，不离床”的概念，并赋予其新含义。又比如，教师指导学生角色演绎“长呼人，即代叫，人不在，己即到”，培养学生的同理心，等等。

为保证对该课程内容解读到位，学校一方面聘请专业的国学教师走入课堂，另一方面让校内国学素养深厚的老师辅助教学，设计相关学习活动等，例如王校长亲自教导第一课（总纲）以及主持最后一课（释疑解惑）。这些措施，既显示了校长对该课程的高度重视，也体现了学校对课程价值实现的至高追求。

基于国家发展需要，立足“全人教育”理念，注重顶层设计，落实过程细节，关注人民感受，不走过场，不敷衍，就是新加坡教育“务实”作风的具体表现。

新加坡教育“务实”的工作作风，形成了新加坡教育人不夸夸其谈、善于动手动脑、努力追求卓越的工作态度，也形成了新加坡教育让能力说话、让勇气说话、让卓越说话的教育风尚，更彰显了新加坡教育致力于“我们塑造国家的未来”的使命与担当。我想，这正是新加坡教育的“务实精神”。

第二，“卓越”之追求。新加坡教育“务实精神”脱胎于新加坡治国的基本原则——以价值观为本，以务实为施政的基本原则，不断寻找平衡点。新加坡是一个有着强烈忧患意识与发展危机感的国家：从英国殖民地走向自治，从马来西亚的统治下走向“被”独立，国家的独立史也是一部人民的屈辱史。每一位讲课的新加坡教授与学者都会对我们反复强调：“我们是被马来西亚踢出来的‘被’独立的国家；我们面积小，是一个跑步也能跑出国、小到可以被忽略的岛国；我们资源匮乏，生活必需的水，以及各类生活物资都得依赖国外。”

新加坡也是一个富足安定、人民有强烈归属感的国家。教授们也会自豪地说：“我们有完善的机制，勇于追求卓越；我们有共同的语言，多种族和谐相处；我们注重效率，公正公平。”在第一任总理李光耀的带领下，全体新加坡人凭借智慧、汗水与泪水，将新加坡推上了举世瞩目的“亚洲四小龙”之一的位置，并且如今、未来还将持续发力。

强烈的忧患意识逼迫新加坡人必须不断走向卓越，举世瞩目的成绩又激发了新加坡人持续追求卓越的勇气与底气。要问新加坡“追求卓越”的底气来自何处？我想，离不开新加坡教育。

新加坡教育致力于培养高素养的人才，又将最优秀的人才吸纳到教育系统，使新加坡教育走上良性发展的轨道。新加坡让最优秀的人来当教师，几经分流后考上大学的孩子毕业以后才有机会成为教师，其中不乏“总统奖学金”获得者。可以说，新加坡教师是新加坡国民中素质最高的群体之一，中小学教师被纳入公务员体系。

新加坡教师成长有三条轨道：教学专业发展、行政领导发展、研究型学术型发展。新加坡教育部门根据教师特长规划其发展，保证每一条轨道上的教师的潜能得到充分发挥。因此，新加坡教师极具敬业精神，每位教师必须兼任两门学科，一名初中教师每周有30多节课。走进学校，很难在办公室看到教师的身影。同时，新加坡教师每年还必须参加不少于100课时的专业培训，参与每周两次的学生课外辅助活动的管理，等等。我们鲜见新加坡教师对职业表示不满，对育人工作感到厌倦，因为他们怀揣着“塑造国家未来”的使命，故而，勤勤恳恳、精益求精。

依时代而变，是新加坡教育走向成功的秘诀。聆听新加坡教育发展史，会发现“变是最大的不变”。教育部每十年就有一项大改革，每一所学校都在不断地改进与创新，每一名教师信奉“永远没有最好，只有更好”的理念，因此他们总是勇于走出舒适区，不断调整，不断创新，不断追求卓越。

当务实之精神与卓越之追求高度融合时，教育就焕发了无限活力与生命力，新加坡国力发展也焕发了无穷的活力与魅力，这让新加坡逐渐走向卓越。

新加坡的教育发展正是这个国家发展的缩影。我十分敬佩新加坡的前瞻眼光、国际视野以及蓬勃发展，十分赞叹新加坡人民的务实勤勉、追求卓越、使命担当。

最后，我们一起来看看新加坡的国家精神：“我们不断以前瞻性的思维规划未来，保持竞争优势。我们时时刻刻做好准备，迎接未来。”

2019年11月21日

重视“精英教育”的制度设计

走进新加坡，我被他们纷繁的课程辅助活动惊艳，也为他们频繁的分流制度惊叹，小学四年级分流、小学毕业会考、初中学校分层、高中直通车、O水准及A水准考试等，一路分层，精密设计，这就是新加坡“精英教育”得以落地的制度。此处就新加坡将“精英教育”做到极致的“高才班”作一番分享。

一、细读 GEP 的选拔制度

新加坡的高才班，也叫天才班，是由大约1%学生组成的班级。

新加坡高才班（gifted education programme，简称GEP）选拔，是新加坡教育体系中的一种特殊模式。小学三年级时，每个孩子都会收到新加坡教育部的邀请，自愿选择是否参加高才班的选拔考试。通过选拔进入高才班的幸运儿们，获得一次“重新投胎”的机会。

天才班的考试有两轮。第一轮一般在每年8月底进行，被邀请的所有小学三年级的学生参与初选。初选测试英文和数学，测试范围是小学一至三年级教学大纲内容，主要目的是考查基本知识的掌握程度。第一轮考试后，约有10%的学生进入第二轮，即大概会有4000名学生受邀参加第二轮考试。第二轮考试会在同年10月初举行，测试英文、数学、综合能力。这些考试不仅考查学生对知识内容的掌握情况，而且对他们的能力进行评判性、创造性评估；综合能力测试也不是单纯的IQ测试，而是一次评估学生抽象、推理和理解能力的考试。相对第一轮，第二轮中数学和英文考试的内容要深很多。英语中的一些词是小学毕业会考（PLSE）中的词汇，数学中会考到简单图形的周长和面积，也超出了小学三年级的大纲，它要看的就是孩子有没有自学和超前学习能力。综合能力测试分为Ⅰ和Ⅱ两类，也就是我们常说的智商测试。前者偏向语言文字类，后者偏重数字和图形，当然有时候会将两者结合起来。最终，大概500名学生（约1%）有幸进入GEP。其中数学成绩特别优异的孩子会有较大机会被特殊选拔出来，其中的男女比例是2:1。

二、解密 GEP 学生的培养方式

虽然新加坡的校长（给我们讲课的胡春河校长就是其中一位）始终认为新加坡所有的小学都是好学校，没有名校与普通学校之区分，但是通过GEP考试的学生确实可以且只可以在教育部规定的9所小学中任意选择一所就读。其关键在于，这9所学校有专门教授这些孩子的教师。

这些教师是怎么来的呢？他们由教育部相关部门负责人和校长层层把关，不仅经过严格的选拔，还要进行严格的培训后才能上岗。培训内容包括基础课程、情感教育、个别差异化教学。执教以后，他们还要定期参加教师培训班、经验交流会，了解和学习国内外高才教育经验。这些教师不仅有较好的学科知识，在教学中也能因材施教，开发学生潜能。

GEP的教材与主流的教学大纲不同。具体而言，在课程上，GEP学生实行的是充实制课程，即以普通课程教学计划为基础，首先保证普通课程任务的完成，然后在深度和广度两方面挖掘，引入新内容，进行适度拓宽和加深。这一做法，既保证了天才儿童离开充实制课程后能回归普通课程，又不至于给他们带来过重的学习负担。

GEP课程要求更符合个人需要和兴趣，更能培养更高层次的思维能力，提供发现和体验式学习的机会，提出开放式的问题解决方案，教授独立研究技巧，提供校外学习经验，等等。除GEP核心课程以外，像公民道德、艺术、手工等课程，GEP学生和非GEP学生混合上课，学生们可以分享经历体验，有利于他们建立更亲密的关系以及身心健康的发展。

GEP学生的课程中还有一项重要内容，就是道德和情感教育。这主要是为了培养学生的社会责任感和健康的道德价值观，课程内容丰富，包含道德伦理教育、社会服务等。

此外，需要说明的是，对于那些回到普通学校修读普通课程的GEP学生或者放弃择校的GEP学生，教育部会保留他们的GEP资格。在小学毕业升学考试的时候，他们可以凭此资格，优先直升名校，只需要提供相关申请资料，参加学校面试，一样可以被提前录取。一直就读于GEP的学生，通常只有RI（莱佛士书院）和RGS（莱佛士女中）需要面试，申请其他学校只需提供资料就会被直接录取。其他GEP学生小学毕业后几乎无一例外地会进入新加坡的顶尖中学，他们的初中教育、高中教育继续得到特殊、优质的发展。

众所周知，新加坡国立大学和新加坡南洋理工大学的世界排名都不错，但是新加坡人民更清楚，比本地大学更能出全球一流名校生的是新加坡这些本地顶尖的中学。来新加坡前，国内教育资深人士有让我关注新加坡家长对学生学业的看法的，也有让我了解新加坡基础教育下孩子的学习负担、学习压力的。我想，新加坡的"精英教育"应该很好地回答了这些问题。新加坡有个分享名校资料的"怕输家长"网站，一直都是新加坡最热门的论坛。至于新加坡的学生是否也像中国的学生那样压力大，虽说课程设置时会考虑不增加高才班孩子的学习负担，但我想在这种高才班以及小学四年级分流制度存在的现实下，要说他们压力不大也难以令人相信。有机构调查，新加坡和中国学生的学习压力都位居亚洲前列。对于这个调查结果，至少我是不敢怀疑的。

三、诠释新加坡"精英教育"现象

为什么新加坡如此重视精英教育？

小学三年级开始选拔高才班学生，小学四年级全体学生都要分流，在我们中国的教育人的眼中，这显然过于残酷。因为我们都认为很多小学四年级的学生其实还处于懵懂状态，尤其是调皮贪玩的男孩子心智较同龄的女孩子会成熟得晚一些，这时候的选拔或分流，至少对这拨孩子还是有些不公平的。但是新加坡显然不这么认为。

首先，对教育使命的执着追求。新加坡自独立以来，国家的危机意识、忧患意识从未减弱，即便当下它已经是世界金融中心之一，但新加坡政府和人民始终思考着“我们如何面向未来”“该怎样走向未来的新加坡”等问题。他们深刻分析未来50年可能遇到的挑战：在更艰巨的全球化竞争中，只有具有新科技、新知识才能使国家勇立潮头！

无疑，新加坡要可持续发展的最关键因素在于人，教育的成功与否关系着国家的强大与否。教育，培育孩子面向未来，培养下一代做好面临世界挑战的准备。“国家的未来，从我们手中走过”，正是全体新加坡教育人对新加坡教育使命“我们塑造新加坡的未来”的深刻解读。培养将来在变化莫测的世界中也能沉着应对的人才，新加坡尤其需要顶尖人才助力并引领国家发展。

其次，对教育公平的独特理解。新加坡教育秉持“让每个孩子进能力所及的学校”这一基本观念，让每个孩子尽自己最大的努力，接受能力所及的教育。因此，依据每一个孩子的表现与学习成绩，保障他们在符合各自学习能力的教学进度下学习；依据他们的能力，激发他们在学习方面追求卓越，这就是新加坡的“教育公平”。这与我们中国“追求教育的优质均衡发展”的教育公平，即“均衡即公平”的理解还是有差异的。

新加坡每一所中学的生源各异，学生根据小学六年级毕业成绩进不同等次的学校。生源的不同导致学校各有差异，但是政府坚持办好每一所学校，坚信每一所学校都是好学校，在资源分配和教师分流上不厚此薄彼。

新加坡对教育高度重视，在政府的财政预算中，教育经费支出居于第二位，仅次于国防开支。多年来，新加坡教育投资约占其国内生产总值的4%，约占财政收入的23%。政府投入那么多钱，每所学校的设施设备投入都由政府负责到底，无一例外。新加坡中小学教师被纳入公务员体系，从而保证了高素质的优秀大学毕业生成为新加坡教师队伍中的一员。

当然，新加坡的教育公平尤其表现在制度设计上，即保障每一个孩子在每一个阶段都有机会接受最合适的教育。虽说小学四年级开始分流，但这并不意味着孩子在小学时进不了高才班，到初中就进不了重点校，最终失去进大学的机会。不管孩子在哪一个阶段，如果有优异的成绩和优秀的素养，都可以申请进入层次更高的班级或学校继续学习。灵活的制度设计，保证了即使选择不同的途径也能考入理想的大学。

四、由新加坡“精英教育”引发的思考

透过新加坡“精英教育”制度，我们似乎可以判断新加坡基础教育竞争力更早地强于中国的态势，其对于底层劳动者的保底政策，也让整个社会不会因孩子进不了精英人才培养系列而过度焦虑。这让我们不得不感慨小国人才少却也成优势，不得不感慨发达国家对于高端人才的热切渴盼与对各种劳动力的极度需求的不遗余力。

新加坡为了推动国家稳定发展，在“精英教育”制度设计与实施中，坚持“出口保底”与“力所能及”两大底线，让每一个孩子都能得到最大、最优发展。这赋予每一所学校不可推卸的社会责任与国家使命，因此每位校长都在潜心治校，落实“全人教育”；这也教育每个新加坡公民应承担自我发展与国家发展的责任。因此，每个孩子都在寻找适合自己发展的方向，并为之努力奔跑。

存在的就是合理的。新加坡的“精英教育”实施至今，已经为全体国民所认可、所接纳。但近年来，新加坡教育界也开始新的尝试。比如，小学毕业会考以等级制替代分数制，高才班学生的培养在政府层面从不做数据跟踪的统计分析，甚至已经决定于2022年启用科目编班政策替代已实行多年的小学四年级进行的分流政策等。这些又是基于什么考虑呢?

原来，拨开教育公平、百姓淡定的面纱，我们还是能发现新加坡初、高中名校赤裸裸的优势给孩子未来带来的不可估量的影响，比如名校中师资最顶尖、尖子生扎堆、免O水准考试、学科科目选择多、孩子课外活动表现突出，孩子在那里可以有不一样的视野，那里也是进入世界名牌大学的跳板。新加坡的上流社会人士、文化程度更高的家长自然希望孩子接受精英系列培养，为进入世界名牌大学及未来进入社会获取更多的机会。与此相匹配的是，新加坡的

补课现象也如中国一样如火如荼地存在着。

如此看来，有考试就有选拔，有选拔就有焦虑，中国和新加坡，无一例外。关于“精英教育”，其实各国都有自己的做法，我们未必需要照搬，只要是老百姓普遍能接受的，就是可以存在的。但是，什么样的教育才是真正公平的教育？我以为，摒弃“一刀切”，让每个孩子竭尽所能，充分发展，这是新加坡“精英教育”给予我们的启示。

2019年12月21日

优化国民素质的道德教育

赴新加坡访学前，我正在响应杭州市余杭区委区政府的号召，与全校师生一起，不遗余力地推进“垃圾分类”工作。2019年3月，余杭区提出2019年全年生活垃圾总量实现零增长的目标。与此同时，区委区政府还进一步明确要将“垃圾分类”做成“余杭模式”，叫响全国。

经过近一年的时间，垃圾分类对杭州人来说已经不是什么新鲜事了，而是现代社会的流行时尚。回顾此次我们开展的“垃圾分类”工作，其中的决心之大、贯彻落实力度之大，均是前所未见。就如我们余杭区，不管是学校还是社区，无论是居民家庭还是公共场所，垃圾分类全覆盖，人人动员、人人参与，已经形成了良好的社会氛围。配合垃圾分类工作，各部门辅以各种学习材料的编写、培训、检查、反馈、考核等，形式丰富、方法多样，重过程重结果，取得了较好的成果。

若我们的垃圾分类工作要持续推进，我们是否该在建立垃圾分类长效机制上下功夫呢？带着这样的疑惑，我走进了新加坡。

在新加坡南洋理工大学访学的过程中，在与新加坡人接触时，我们充分感受到了他们的友好、善良、真诚、优雅。路遇时，人们会主动对你微笑；餐厅里，高声喧哗者很少；校园里，我们看不到随地吐痰的现象；学校运动场里，也不会见到挥汗如雨的男生把衣服撩起。最感动的是，那次我们四个访学伙伴从裕廊西商场逛出来，找不到回学校的公共汽车，在商城门口求助当地人。一位男士详尽解说后，还担心我们找不到，非要亲自把我们带到公交车站。新加坡国民素质道德标准已经内化于心、外显于行，已然成为美丽新加坡的又一“金名片”。

新加坡国民素质何以能到如此之水准呢？新加坡南洋理工大学人文学院客座教授、新加坡《联合早报》原副总编辑吴元华博士给我们广度剖析、深度解密。听了他的讲座“优化国民素质的道德教育”，在钦佩新加坡对国民素质道德教育之重视之举措之成效的同时，我如获至宝、欣喜若狂：将垃圾分类与优化国民素质相结合，以垃圾分类为突破口，推进优化国民素质教育，使之纳入“优化国民素质教育”的系统工程，新加坡不正给了我们最好的启示吗？

下面，仅从我的视角来谈谈新加坡的国民素质道德教育。

首先，把握教育良机。新加坡对国民道德素养的重视，从历任总理的讲话中就可以充分领略到。比如第一任总理李光耀说：“在任何可能的情况下，我们不得不改造人民的行为，使他们的举止不会像第三世界的人那样；使他们比较有礼貌、比较能为他人着想，不那么喧哗，不那么任性。”不得不说，李光耀先生是一位塑造国民素养、追求国家品质的总理。在新加坡积贫积弱的独立之初，他在努力推进国家经济建设的同时，也不遗余力地推进公民道德教育。为了推进公民道德教育，他甚至不惜“受人指责，说干预了新加坡人的私生活”。

新加坡第二任总理吴作栋也发表过如下观点：“政府担心人民变成全球化海洋里的漂浮物，愚昧地随波逐流。接受英文教育而受西方影响的新一代，对国家、政府、家庭缺乏效忠，动辄要移居外国，对父母缺孝道。如果对本民族的传统价值观嗤之以鼻，可能使新加坡形成‘伪西方社会’。”从首任总理注重公民礼仪到第二任总理的家国情怀，两任总理都从具体的公民素养强调公民道德素养的重要性与必要性。尤其可敬佩的是，新加坡总理显然在最关键的时刻（独立之初）抓住了最关键的事情（国家经济建设和公民道德素养教育并举），这体现了新加坡政府的远见，也彰显了他们的智慧。

众所周知，一个国家在国际社会是否受尊重，国际形象是否良好，不是单靠军事力量的大小，也不是仅靠经济成就的辉煌与否，还要靠国民素质的高低。国际在线网在《“国家品牌”靠什么来支撑》一文中，就曾提出“比经济实力更关键的，是文化核心影响力与国民普遍素质”的观点。

其次，体系构建完美。新加坡有关于政府良治的基本判断认为，政府的良治仍需在各种竞争间维持基本真理的平衡。李光耀亲自规范公民的道德标准，并希望通过教育和环境的配合，设法塑造一个能珍惜所有优良传统，同时能操作现代科技的民族。

在此思想指导下，新加坡政府重点推进学校公民道德教育和社会公民道德运动。在学校，“品格与公民教育”是新加坡教育体系的核心，强调核心价值观、公民意识、环球意识等。学校有“好品德好公民”“公民与道德教育”等课程（见表3），期望通过理论学习、实践体验、讨论辨析、社区或社会服务等学习方式，让学生学会承担家庭及社会责任，同时明白个人在创造国家未来中所扮演的角色。将公民道德教育纳入学校教育，从孩子抓起，可谓抓住了当下，也抓住了未来。

表3　新加坡中学三年级“公民与道德”课教学内容

学期	范畴	主题	单元
上学期	异中求同	促进对文化与宗教的了解	庆祝的概念
			节日
			我国的主要信仰、参考资料
			基本信仰在日常生活中的体现
	共同意识	发扬社区的精神	社区精神的发扬
			做个好邻居
下学期	个人修养	培养品格与发挥个人的潜能	培养实现人生目标所需的品质
			迈向丰富的人生
	吾爱吾家	肯定家庭生活的意义	家庭各成员扮演的角色
			维持家庭和谐
	人际和谐	培养良好的人际关系	有效的交际技巧
	成为好公民	发扬献身国家建设的精神	公民权的概念、参考资料
			公民的责任
			公民的法律职责
			生活在民主社会中的责任

社会公民道德运动则持续数10年，从早期的禁止随地吐痰、乱扔垃圾到后期的礼貌运动、讲华语运动等，新加坡的社会文化面貌发生了巨大的变化。最早每个月推行一个运动，由李光耀总理亲自指挥，运动密度之大、要求贯彻落实力度之大，彻底改变了新加坡人的形象，推动了社会精神文明的发展，也使新加坡在经济上与社会文明上取得了巨大的成功。

在社会公民道德运动的推进中，政府对于违令者的处罚也相当严厉。他们的华文词汇里有“垃圾杀手”和“垃圾虫”之说，前者指任意从高楼上把物件往窗外抛、砸伤楼下的人，后者指随地扔垃圾、烟蒂等废物的人。政府对这种行径采取极其严厉的处罚措施：初犯者被罚款；重犯者被令穿上特制的“制服”，在公共场所清除其他人丢弃的垃圾数小时，这相当于“游街示众”。虽说罚款的力度够大，但示众的行为更不能为常人所承受。如此，新加坡国民都自觉遵守规则，做起了有素质的公民。

再次，政府强调引领。新加坡政府重视公民道德教育，从细节入手，样样落实；而涉及国家政治道德素质层面的，更是关键推进，从而极大地提升了国民素质和政府形象。

“治国先治吏。”新加坡政府严禁官员以权谋私，并且要求各级官员以身作则，树立榜样，确立高度透明和廉洁的政治文化，这在国际上有口皆碑。在新加坡，仅总统、总理、国会议长配有政府提供的车子，但他们必须向税务局缴纳相关的用车税款。所有部长、国会议员与高级公务员都得自己买车、自己开车，这在许多国家都是不可思议的事情。

比照新加坡公民道德素养教育，我们的垃圾分类工作若要持续推进，需要努力的地方不也很清晰了吗？比如，如何建立垃圾分类长效机制？怎样把垃圾分类工作与国民道德素养的养成教育深度融合？是不是应该以垃圾分类为突破口，整体提升国民的综合素养？国民综合素养的提升又该怎样助推体系建构？在国民道德素养提升中，国家公务员、政府官员又该遵守怎样的规则与纪律？等等。这可以让我们把垃圾分类放在一个系统工程中来思考，更可以把垃圾分类工作作为推进国民道德素养教育的突破口，从而达到治标兼治本的好效果。

也许在国内没感觉，然走出国门，我们应珍视中国在国际舞台上的形象。

随着综合国力的跃进式提升，中国已经成为国际舞台上举足轻重的大国。有人说，看一个国家的综合实力和国际影响力，不是看它的军事有多强大，也不是看它的经济多强劲，而是看这个国家的文化影响力和公民的道德素养。真心希望我国的公民道德素养能与国家日益发展的经济速度相匹配，与日益强大的综合国力相匹配，与5000年文明古国淳厚的儒雅、优雅相匹配。

2019年12月14日

语文政策背后的国家治理能力

语文政策是新加坡政府最具争议的战略管理决策之一。

——李光耀（新加坡第一任总理）

1965年8月9日，新加坡从马来西亚中“被”独立出来。一段充满屈辱的独立史并没有给新加坡人民带来新生的喜悦，摆在新加坡政府面前的是如何迅速地团结来自不同民族，拥有不同文化的国民，并使其从贫弱走向富强，从屈辱走向荣光。

彼时，以李光耀总理为核心的新加坡政府着眼新加坡未来发展，面向全球，审时度势，出台了一系列治国理政策略。独立之后，仅仅10年时间，新加坡就一跃而为“亚洲四小龙”之一。从此，新加坡的发展稳步而上，乃至成为世界金融中心之一，成为全世界“最安全”“最公平”也“最适合人才成长”的国家（这是新加坡人对自己国家颇为骄傲的评价）。对于新加坡人的国家认同感和归属感，我们可以从前面的三“最”中去体会。

回顾新加坡的发展史，新加坡人民尊重并爱戴着他们的首任总理李光耀，充分肯定这位有着治国天赋、极具政治智慧的老总理给新加坡发展奠定了坚实的政治基础、经济基础以及文化基础，其中就包括当年促进国民凝聚力的“英语+母语”语文政策。然而，该政实施不到15年，政府又毫不避讳地说：“语文政策是新加坡政府最具争议的战略管理决策之一。”

一、新加坡是“马来海洋里的华人岛”

新加坡生存环境比较独特。说它是“马来海洋里的华人岛”，是十分恰当的。新加坡原无独立建国的条件，在《李光耀回忆录》里，他写道：“在居住着一亿多人的三万多个岛屿的群岛中，我们的华人人口简直微不足道。新加坡是马来海洋中的一个华人岛屿。我们在这样一个充满敌意的环境里如何谋求生存呢？”

独立的新加坡政府要迅速团结国内各种族、各宗教，不得不面临如何以事实证明“以华人占绝大多数的新加坡，并不是由华人统治的国家”这一问题。1965年8月9日，总理李光耀在宣布独立时说：“这不是马来人的国家，不是华人的国家，也不是印度人的国家。在新加坡，每个人都有公平立足之地……无论种族、语言、宗教和文化，我们团结一致。”

新加坡《语文政策和工作方针》提出“公平对待各族语文”的基本政策，即各民族接受母语教育的权利应得到尊重和保障。多种语言制度可以消除各民族在语文问题上的疑惧和误会，使各民族更能够忠诚团结合作。此政策显然与李光耀总理的治国理念相吻合。关于新加坡语言不统一的问题，李光耀曾有这样的比喻：“新加坡人民因为彼此没有共同语言，就好像水族馆里不同种类的鱼儿，大家虽近在眼前，实际上是被玻璃隔开着的。”

后来，他还进一步阐述：“如果我们在四种不同的教学媒介语（华文、英文、马来文和泰米尔文）里，我们教授给我们的儿女四种不同的辨别是非黑白的标准，四种不同的为人处世哲学和道德行为，那么我们所教育出来的人民，还是四种不同的人民，我们还是不可能有一个统一和融合的社会……面对着我国人口中通行的三种主要语言，以及将近一打的方言，我们因此决定施行两种语言政策——母语与英语。”

最后，新加坡选择了“英语＋母语”的双语政策。此政策基于以下考虑：一是新加坡曾是英国殖民地，曾使用并在继续使用英文。它为记录、行政及法律提供了连续性。用吴元华博士的话来说：“当年英国人走后，给我们新加坡留下了两样东西是好的，那就是英文和公务员制度。”此外，英文也是所有民族公平竞争的中立语言。二是为全球化部署，与发达经济体接轨。英文作为通用国际的语言，对外是与国际社会接轨、发展经贸关系的媒介，能有效跟发达经济体密切联系，吸引跨国集团来新加坡设立区域营业总部，投资设厂，促进经济繁荣，实现全民就业。

二、“双语教学未能培养出真正的双语人”

尽管政府顾全整个区域与国家大局，从政治与经济考虑去处理华文问题，避免邻国的猜疑与国内少数民族的反对，以便国家经济能尽快与世界发达经济体接轨。但是，放弃占全国人口大多数的华人的母语——华文，而选择英文作为新加坡第一语文，还是让广大爱护华文与华文教育的人很受伤。他们希望作为绝大多数人民的母语——华文能获得较受重视的地位，觉得政府的政策不合常理。即使外国人对此政策也感到不解。

可以想象，当年新加坡坚持推行以英语为第一语文的双语政策面临的巨大挑战。以“华社”为代表的广大华人希望华语能跟英语平起平坐，但事实上，这已经不可能。在不长的时间里，华人终于明白，在新加坡这个多元种族社会，华语不可能成为所有国人通用的语言，只能是华人国民之间共同的语言。人们也越来越意识到，在新加坡生活一定要学好英文，否则无法在跨国企业谋生。当然，李光耀总理也提醒广大华人，“如果你要放弃华语，你将失去自己很珍贵的一部分，所以你绝不应该放弃”。

李光耀希望通过“英语＋母语”的语文政策让英语作为第一语言，使新加坡人民凝心聚力，促进新加坡与世界发达经济体接轨；同时以母语作为第二语言让新加坡各种族人民维系文化的根。新加坡人民在双语政策下的双语自如切换、对本民族文化的传承，既是李光耀先生所期待的，可能最初也是他认为一定能看到的。遗憾的是，关于后者，并未如李光耀先生希冀的那样。在英语作为教学语言和工作语言的新加坡，华文弱化已成不可逆转之趋势。2013年《联合早报》调查了18所私立及教会办的学前中心幼儿园后发现，就读于私立或教会办的学前中心幼儿的家长学历较高，大专或者本科毕业的人约占一半。

高学历的家长在与孩子沟通时，使用华语的频率偏低，习惯以英语与兄弟姐妹交谈的6岁儿童占24.5%，使用华语的只有14.7%。这一差距在3～4岁的幼童中更为明显，用英语的为29.8%，用华语的仅为14.3%。结果显示：华人儿童使用华语的频率在下降。

更为糟糕的是，华语使用率下降的同时，新加坡学生的英文程度也“令人震惊”。2009年12月，《海峡时报》评论栏编辑蒂凡·詹纳姆斯说：“虽然我们的学校里定英文为‘第一语文’，其实对许多学生来说，英文是他们真正的‘第二语文’，因此应该以第二语文的方法教导他们；但许多教育界人士似乎忽略了这个事实。”

现在的新加坡，英语和母语皆优秀者占极少数，英语和母语皆差者也不少。新加坡的双语教学未能培养出真正的“双语人”，即能够在各种情况下随心所欲地使用两种语言进行交际的人。

对于这种现象，2011年时任教育部部长王瑞杰声明：“李光耀先生当初推行双语政策并非出于经济考量，因为中国和印度当时还没有崛起。政策的初衷是因为我们要通过母语传承文化价值观和取得身份认同……虽然国际趋势对学习华文有利，但新加坡的情况却刚好相反。过去20年来，越来越多家庭以英语为主要沟通语言。我国面对的挑战不仅限于如何为孩子创造使用华语的环境，而且是怎样在小学阶段为学生打下学习华语的良好基础。”

很显然，新加坡政府试图呼吁广大新加坡华人学习母语，以维系文化的根，李光耀甚至提出了“不懂得母语会产生自卑感”的观点，并承认双语政策有偏差，“我们一开始就做错了”。

1988年，李光耀说：“如果能回到60年代，我极可能以华文作为小学第一语文。我一定保留华文学校，注重培养学生价值观，让英语成为第二语言。”

1990年，吴作栋说：“研究可否以华文作为小学第一语文……但在小学阶段以华文为第一语文，英文为第二语文的构想若付诸实施，也不能牺牲学生的英文程度。”

事实上，早在1973年，新加坡文化部部长已经对此问题有了深刻的评述：“比较理想的教育制度是，每个儿童最先接受母语教育……我们的儿童应该在形成性格的时期学习那些值得保留的传统文化、价值与道德观念。这些传统很难以第二语言传授……如果我们要利用现存的传统文化作为我们的‘基础’，我们就应该以母语作为教学媒介语。只有这样，才能吸收这些文化的精神。”现实是，新加坡是个特殊的国家，大多数人民（华人）的母语不是学校（主要）教学媒介语言。

三、“掌握双语，自信走在世界发展的潮流里”

新加坡的双语政策，让新加坡历任政府领导庆幸，至少新加坡还没有沦为一个仅普遍使用英语的单语社会。但是如今的新加坡，恰恰因为英语是第一语文，是主要教学媒介语言，也是主要工作语言，所以包括华语在内的其他各民族母语的弱化已是不争的事实。正如新加坡语言学家周清敏教授所言，在海外华人社区，华文并不是“顶层语言”，只是华人社区的“高层语言”。这个“高层语言”作为华人社区语言的地位，受到了“顶层语言（英语）”的挑战。

在新加坡访学将近一个半月的时间里，我们接触了很多新加坡华人。他们一般都能用简单中文进行日常交流，但是很多人看不懂汉字，尤其在更深层次交流时会出现词不达意的情况。即便是给我们授课的众多博士或者教授，能深刻理解汉语并能自如运用的也不是特别多。听讲座时，我们有时会帮教授修改措辞，教授们一般都会欣然接受。在与新加坡较“中国”的“中国通”教授们的交流中，我们还是感受到了不少专家、教授的“中文口语”仅是一种交际工具罢了。

回望过去，新加坡双语制度确保了新加坡华语持续成为生活语言，但是客观的政治和经济因素使得政府不能给华文以官方地位。随着中国的日益强大，新加坡与中国的交流日益增多，新加坡语文政策是否会调整呢？现任总理李显龙在1994年“讲华语运动”中致辞：“使大家改变对华文、华语态度的最大因素是中国经济的蓬勃发展。中国的经济发展，使华语的商业价值有目共睹。很多学校必须开办更多的高级华文课程班来应付不断增加的需求。此外，一些在中国投资、进行贸易活动的其他种族的新加坡商人，也为了方便而开始学习普通话。”

改革开放40多年来，中国发展日新月异，新加坡政府对华文的政策也更鲜明。比如，2003年，李光耀称："我们应该确保华文在新加坡长存不衰，这是非常重要的。"2004年，吴作栋说："我们不能只满足于会说、读和写一般的华文，我们需对中华文化有深入的体会，同时对中国人的想法有较好的领悟。"2004年，外交部部长杨荣文说："新加坡华人切记他们也是炎黄子孙，是一个重新发挥影响力的古代文明的继承人。"

走进新加坡，听了吴元华博士的观点报告，我深刻理解新加坡当年艰难的选择和今日华文管理及双语管理危机；我更相信，我们中国如果足够强大，汉语或许也会成为国际通用语言之一。对于一个国家、一个民族，语言不仅是交流的工具，更是文化的维系与传承，是全国人民心灵相依的载体。

最后，我想用一句在新加坡很时尚的话作结，更是与当今的仓中追梦少年们共勉："如果你想拥抱整个世界，请你一定要学好英文和语文；而如果你只学了其中一种，那么你只能拥抱半个世界。"

2019年12月11日

核心价值导向的卓越学校评估

听了新加坡国立初中资深校长王国华先生的第二讲——“21世纪技能的学习与新加坡卓越学校模式”，收获满满。三小时的讲座，涉及“21世纪就业能力的三大要素”“21世纪技能的学习”“卓越学校模式”等六大板块，信息量之大，远远超出了我们的预设。祖籍福建的王先生面对来自中国的校长同行，毫无保留，倾囊相授，也许出于华人之情愫，也许出于教育之情怀。如果不是此刻静下心来，容我再翻阅、再细品，讲座中许多精华也就转瞬即逝了。现在，我想就“新加坡卓越学校模式”来说说“学校评估”这事儿。

时光还得追溯到1997年，时任总理吴作栋提出了“重思考的学校，好学习的国民”的教育愿景。为了实现此愿景，新加坡教育部立刻启动学校评估模式改革，明确学校评估必须与监督脱钩，与发展挂钩；明确学校必须拥有更大的自主权，包括评估。在此思想指导下，1999年，新加坡教育部参照新加坡质量管理奖及欧美绩效管理评估模式，制定了独特的卓越学校模式，即优质学校评估，简称SEM。同年，教育部相关部门就SEM对各学校、各级领导进行全面培训。SEM是学校自我提升及评估的模式，也是教育部领导协助发展及评估学校的模式。至2006年，全新加坡中小学校最少要接受一次官方评估。

卓越学校模式评估，就内容而言，分为“动作过程”与“动作成果”两部分。动作过程包括领导、管理（人事管理、策略规划、资源管理）与以学生为主的各种程序与活动；动作成果则包括各类管理成果（人事管理的成果、行政管理的成果、合作和社区贡献的成果），以及各项以学生为主的活动成果。就方式而言，采用自我评估与外部验证相结合的评估方式。学校一般每五年自行向教育部学校评估处提出外部验证的申请，教育部学校评估处确定验证时段后，委任一个包括评估处官员（前校长）、督导（前校长）、他校校长、部门主任，甚至其他机构成员在内的外部验证委员会，进驻学校进行至少三天的现场评估工作。

据王先生介绍，卓越学校模式（SEM）与传统学校评估模式，主要有七方面不同（见表4）。

表 4　SEM 卓越学校模式与传统评估模式的对比

传统学校评估模式	卓越学校模式（SEM）
监督性强	发展性强
消极	积极
负面	正面
找错误	找问题
学校被动	学校主动
全面性	针对性
外部验证	自我提升与外部验证

为了充分阐述卓越学校模式评估对学校发展的引领作用，王先生还跟我们分享了他曾参与的一次“传统学校评估”。一次对比，让我们立判两种评估之优劣。

那时，他还在一所中学任副校长，评估组浩浩荡荡20余人，进驻他们学校整整一周。他说：“我们像伺候‘皇帝’一样，小心谨慎，耗尽心力。无数的台账、资料准备好，恭恭敬敬让他们翻阅，许多老师的课堂随时被打断被听议，许多教师与中层干部被找去谈话。然而，反馈给我们的不是这个错误，就是那个不对，搞得当时的校长很不开心，全校教师也十分沮丧。我竭尽全力向评估组解释他们指出的错误，最后也没能改变那个糟糕的评估结果。当时，对这样‘劳民伤财’的评估，我比较不能理解。我以为，这种强监督性的、消极的、负面的评估，是阻碍学校发展的评估，违背了评估的初衷。”

那么，什么是学校评估的初衷呢？我以为，学校评估是学校发展的重要环节。科学的评估内容、正确的评估策略、核心价值导向的评估实施，可以促进教师健康发展和学生全面而个性成长。它是对师生劳动成果的体现和认可，不仅可以发挥鼓舞、激励的作用，更重要的是能使管理者发现行为与目标之间的差距，以便及时调整决策，争取达到工作的最优效果。

可以说，新加坡卓越学校模式（SEM）实现了这种改变，如图2所示。

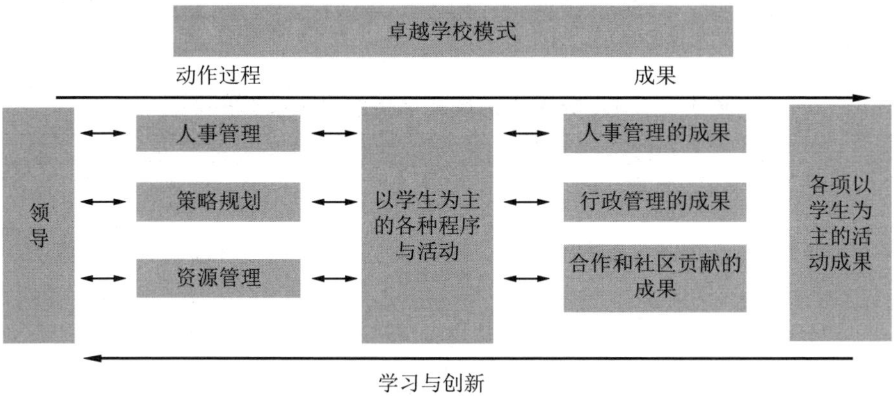

图 2　卓越学校模式框架

首先，它实现了自我发展与外部验证发展的完美结合。在卓越学校模式里，学校每年都会进行自我评估。通常会由副校长带队，委任自我评估核心小组及各个指标的负责团队。各指标小组根据卓越学校模式（SEM）评估指标，检测学校现有的政策、目标、策略、项目、活动流程，提出问题及相应的改革建议，并呈交书面报告。核心小组给予各个指标评分，并通过电脑系统提交总评分及报告，最后呈交教育部。

学校自己委任评估小组进行自我评估，转变了评估主体。学校的主体意识被充分调动与发挥，学校自然是站在“自我发展”的角度来对待学校评估。每五年进行外部验证评估时，评估小组也会充分阅读学校每年递交的自我评估报告，本着促进学校发展、教师发展的宗旨，在评估的针对性、问题的导向性、立场的正向激励性等方面，使学校校长、老师更能积极面对与改进。

其次，它强化了“动作过程”与“动作成果”的相互依存。“动作过程”主要强调“动作过程”背后的价值观以及“动作过程”与“动作成果”之间的关系。“动作过程”，就是指学校所有政策、目标、策略、项目、活动等设置的考量点及其背后的价值观。所有的参与成员（包括学校领导、教师、学生和家长）对此都要有所了解，并必须确保这些设置的持续性，而不是随机性的、有意无意的、偶尔为之的。比如，某校禁止学生带手机进校园，学校必须说明这一规则背后的动机。如果说是“为了方便管理”定会贻笑大方，只有揭示了这一规则背后的教育意义，即指向利于学生发展，才是“动作过程”背后的考量点、价值观。

在传统的学校评估中，我们常常会较多地关注“成果”，而忽略“成果”的产生过程。这种做法，有时难免会导致个别急功近利的学校采取非正当手段来获取学校当年的“成果”。比如，为了让校篮球队在区市级比赛中获奖，校队引进少年专业篮球选手。在我国，早些年也存在学校虚报田径队队员年龄的情况，这就是学校评估重“动作成果”而忽略“动作过程”的结果。新加坡卓越学校模式强调“动作过程”与“动作成果”的相互依存关系。比如，强调没有“卓越成果”的“动作过程”肯定不是优越的“动作过程”；持续性的“卓越成果”一定有卓越的“动作过程”；过程重要，成果一样重要；偶有的成果，不一定能说明其“动作过程”是优秀的；成果必须建立在优秀的“动作过程”上，确保其持续性；每一个“动作过程”都有其相应的成果做检验。

“动作过程”与“动作成果”相互依存的优质学校评估策略，其实质是倡导学校成绩的取得必须基于有效的途径，它激励学校团队为实现目标对科学发展道路的求索，激励团队朝着共同目标做出有意义的事，它凝练了学校勤勉务实、追求卓越的工作精神，也进一步践行了“尊重、负责、韧性、正直、关怀、和谐”的新加坡国民核心价值观。

再次，它促进了“系统支援”与“合作伙伴协作”的深度融合。在新加坡，卓越学校模式中有两个指标相当醒目：系统的支援、合作伙伴的协作。前者指向内部体制，后者指向外部体制，两者深度融合，指向“全人教育”，让学校实现持续性的进步与创新。

新加坡学校工作的落实有赖于完整的系统支撑。比如新教师导入工作，就会在新教师导入系统支撑下保质保量地完成，新教师进学校谁（含哪个部门负责）接待—谁（含哪个部门负责）谈话—谁（含哪个部门负责）具体指导—谁（含哪个部门负责）反馈—谁（含哪个部门负责）进一步具体指导，等等。完善的系统支撑，让活动能够取得良好效果，学校育人工作在良好的活动中得以落实。

新加坡学校历来坚持开放办学，将课程开到社区去，学生与教师就有了走进社区、真实体验社会的机会。在体验中，与合作伙伴的协作过程是师生能力提升的过程。正如新加坡前教育部长王瑞杰所言："为了培养我们年轻一代应对未来挑战的能力，'全人教育'，包括21世纪技能的学习，是我们必须做出的一项关键性的教育变革。"与合作伙伴协作，生活化、情景化的学习方式，有效培养了学生的沟通技能、公民素养、创意思维等21世纪技能。

我以为，学生第一、教师关键、价值导向、关注过程与成果、持续进展与创新，是新加坡卓越学校模式的核心理念，而价值导向更是核心之核心。在价值导向的引领下，新加坡卓越学校模式，即优质学校评估，让所有学校逐渐走向卓越，也保证了新加坡人民公平享受优质教育的权利。评估是导向，评估促发展。就教育的本质、办学的宗旨而言，新加坡核心价值导向的卓越学校模式，即优质学校评估，可以给我们的教育行政部门或者一线教师一些启示。

2019年11月23日

“三重视角”审视新加坡教育

盘点在新加坡访学的90天，我们共聆听了35场讲座，考察了4所学校，同时走进了10余处如民建局、麦里芝蓄水池等风景名胜或人文景点。三个月间，我们渐渐对新加坡国家的历史发展沿革、教育变革与国家发展之间的关系，以及中小学教师、学生成长目标与机制有了较为全面和深入的了解。

此刻，回顾所闻所见，回思所写所悟，我试图从新加坡国家发展、教师发展以及学生成长“三重视角”来审视新加坡教育，期望多重视角下的新加坡教育能给予我更多的启发。

一、从新加坡国家的发展看新加坡教育

认识新加坡教育与国家发展之间的关系。新加坡国土面积小、人口少、资源匮乏，忧患意识极强的新加坡历届政府始终在思考：如何让新加坡可持续发展，继续保持国际金融中心的地位？

进入21世纪以来，新加坡不断面对更大的挑战：全球化竞争加剧，各国的保护主义与新加坡自身资源极度匮乏之间的矛盾；国家人口老龄化，至2030年，新加坡超过65岁的人口将有100万人，老龄人口占比将达20%，老龄化与国家发展必需的活力、创新力以及竞争力之间的矛盾；高效、廉洁、严谨的新

加坡政府与新一代新加坡人自由民主诉求之间的矛盾；新一代新加坡人日益提升的对生活品质的要求与近几年新加坡经济增长速度滞缓，甚至仅有1%的经济增长速度之间的矛盾；独立后的新加坡，已经从克勤克俭、不断努力的新加坡第一代人手里交到了“养尊处优”、进取不足的第三代人手中，未来国家何去何从？

高度的责任感与强烈的忧患意识让新加坡人清醒地认识到：国家未来可持续发展的最关键因素是人，人是新加坡发展的唯一资源。教育关系着这个国家的未来发展，乃至这个国家人民的生存与生活方式。培育孩子，面向未来，成为新加坡唯一的出路。

新加坡政府规划教育发展，并旗帜鲜明地提出教育使命：**我们，塑造新加坡未来**。全体新加坡教育人的教育使命是：**国家的未来，从我们手中走过**。面对全球化带来的挑战，人应该拥有怎样的知识、技能、心态？新加坡教育人思考后的回答是：我们必须培养充满自信的人、能主动学习的人、心系祖国的公民、能做出贡献的人。

架构助力国家发展的新加坡教育体系。新加坡教育体系中最抢眼的是保底教育与精英教育的完美结合。

因为人口少，新加坡政府对每一个新加坡人都十分重视。他们坚持“让每个孩子都能得到教育、得到成长”的育人理念，竭尽全力让每一个孩子进入力所能及的学校，让他们尽自己最大的努力完成能力所及的教育。

依据每一个孩子的个人表现与学业成绩，确保他们拥有“公平公正”的受教育机会，新加坡设计“适性发展”的教育公平制度，这与我国义务段“就近入学”“平行分班”的教育公平迥异，折射出新加坡政府对每个孩子成人成才的最大期待，以及为此提供的最稳固的政策保障。

因此，新加坡政府致力于办好每一所学校。在新加坡，即便初中时期因学生分流导致各校生源差异很大，但政府依然对每一所学校设施设备的投入，以及教师等资源的分配不厚此薄彼。

教育的保底制度让智力一般或者学习不够勤奋的新加坡学生至少能成为一名合格的劳动者，成为有一定素养的社会公民。这一制度不仅解决了这个国家底层公民的就业与生活问题，为国家的各个一线劳动岗位提供了合格且专业的普通劳动者，而且为国家发展、社会稳定提供了极大的支持。

与保底制度相对的是精英精育。这个历史上曾被英国殖民统治的国家，沿袭并发展了英国的精英教育。纵观新加坡小学教育到中学教育，乃至大学教育，他们将精英教育做到了极致。

小学三年级临近毕业时，有全国高才班的选拔。从全国所有学生中选出1%的学生进入高才班学习，教师、课程设置都与其他班级不同。此外，全国大统一的“小学四年级”分流制度、小升初不同源流学校的设计、优秀学生进入全国最好的直通车学校、中考免试，给这些孩子设置的课程亦与其他源流的学生不相同。

新加坡精英教育从国家高层次人才需要出发，精心设计、量身定制，并且政府每年还为优秀的学生设立总统奖学金，鼓励学生出国继续深造。

在新加坡人的教育理念中，每一个孩子必须在符合自己能力的教学环境下学习，教师要依据学生的能力激发其在学习上追求卓越。灵活的教育体系设计、指向顺应孩子的智力、心灵、体能、社交能力而开展。

保底制度与精英教育体现了新加坡“教育服务国家发展”的最根本理念，兑现的是“我们给孩子最好的教育，即塑造未来的教育”的国家承诺。

二、从新加坡教师的发展看新加坡教育

在学校，教师和学生是最活跃的因素。教师发展为学生成长服务，反之，学生成长反作用于教师发展，两者相互统一，互助共赢。在教师与学生的发展中，学校又是助力师生发展和成长的最好平台。

职前职后一体化设计的新加坡教师专业发展制度。在新加坡教师专业发展制度中，有三项制度是令人关注的，它们分别是教育学院的职前培训、职后教师发展三条事业跑道的设计，以及教师的评估机制。

第一，教育学院职前培训。新加坡没有师范院校，而是每年在综合性大学的优秀大学毕业生中，以双向选择并经考核后确定教师培养对象。培养对象在入职前必须到南洋理工大学教育学院进行职前培训。两年培训结束后，教育部统一将教师分配到各学校。

教育学院培训课程会从几个方面装备学员的能力，如学科知识、学术科目、个人及专题发展项目、国际交流、教育学、学校实习、语言表达能力、课程学、多元文化的价值与不同、社区服务以及研究，等等。

此外，受训教师还需具备三个范畴的核心能力，即专业实践、领导及管理、个人效能。“专业实践”是培育学生，给学生提供有质量的学习及在课程辅助活动中给学生提供有质量的学习，能充实或练就教师的反思性思考、分析性思考、有创意的教学等能力；“领导及管理”主要涵盖了赢得学生的信任（了解周围环境和促进他人的成长）、与别人共事（与家长携手合作，在团队里工作）的能力；而“个人效能”主要指了解自己与他人，包括自我调整、实践诚信、谅解与尊重他人，以及灵活和适应能力。

我以为，职前培训以目标导向、任务驱动，为培养对象入职提供了更专业的教书育人的知识、技能与方法。

第二，职后教师发展三条事业跑道的设计。鉴于教师的志向各异、素养不一，新加坡教育部提供三条事业跑道——教学“跑道”、领导行政“跑道”和高级专科“跑道”供教师选择，以期每个人都走向卓越。教学“跑道”有“高级教师—主导教师—特级教师—首席特级教师”的成长通道，领导行政“跑道”有“科（级）主任—部门主任—副校长—校长—校区督导—司长—部门司长—教育总司长”的成长通道，而高级专科“跑道”则有“高级专科—主导专科—首席专科—总专科”的成长通道。当然，教师如果选择了其中一条“跑道”，日后需要再调整，也可以转换“跑道”，不过个人必须符合新“跑道”的专业与水平。

新加坡教师三条事业跑道的设计并非针对工作第一年的教师，而是针对有工作经验的教师。每位教师入职几年后，都要根据自己几年来的课堂教师职业体验，再进行更精细的职业发展方向规划。教师发展三条事业跑道的设计为不同志向、不同特长的教师追求卓越提供无限可能。

第三，教师评估机制。我仔细研读新加坡的教师评估机制，认为其呈现出四大鲜明特点：重目标引领、重过程评估、重问题导向、重结果使用。

重目标引领。新学年开始，学校主管与所管理的教师共同设定工作目标，年中进行工作回顾，年底进行评估考核。目标引领贯穿教师评估的整个过程。

重过程评估。新加坡教师评估有三个阶段：一月设置目标，年中回顾、总结上半年工作，年底总结工作并拟定来年计划。特别是年中的工作总结与回顾，专业教师在主管的帮助下，围绕教师的工作表现、专业能力和未来发展进行交流、讨论，并给出意见。

重问题导向。年中回顾、总结中，如果教师多方面的表现不理想，主管会在第一次会议时指出，并与教师共商改进的方法。为保证教师改进目标的清晰性，双方不仅就改掉缺点、未来发展择其要点进行讨论，最后还必须在表格上签名，郑重承诺，然后呈交。

重结果使用。教师考核有两大结果：一是决定教师的该年度花红（年终奖）的差异，教师之间有0～3个月的花红差距，人人保密；二是作为教师后期级别擢升的主要依据。

在教师评估机制中，笔者最疑惑的是，教师花红的巨大差异，会不会引起教师行业的相对封闭、保守？教育学院的陈亚凤博士明确告诉我们：不可能。第一，新加坡文化中，花红是对每个人一年工作业绩的肯定与鼓励，校长有权力执行董事会的最后决议，无可争议。第二，花红多少，只知道自己，不能去打听别人或泄露自己的，这已经成为新加坡人的职场操守。

新加坡教师发展职前职后的一体化设计，充分体现了新加坡政府对教师的高度重视，体现了“每一位教师都可以得到最好发展”的人才培养观，以及“人尽其才”的人才管理观。

专业广度凸显的新加坡教师职后培训制度。走进新加坡，我们总能看到或听到所有教师除了有教学任务外，还必须投入课程辅助活动、家委会活动、班主任各类事务等烦琐事务性工作中。初看时，我以为教师有些旁落了专业的教育与教学工作；分析后才发现，此即折射出新加坡对教师专业成长广度的追求。在实践中，教师复合型人才的培养在渐渐落地；在项目推进中，教师的核心素养正逐渐凸显。

此外，新加坡教育部为教师提供了丰富且多元的专业发展机会，有专业发展配套和休假方案，包括奖学金、贷学金和休假规定。同时，还允许教师到学校以外的部门或机构短期挂职，以便获得新的体验，拓宽视野。此外，还设置新加坡教师学院等6个专科学院，为不同学科的教师开设各种在职进修课程、讲座、研讨会等，也鼓励教师参与研究项目，希冀教师可以更全面地提高专业水平。丰富且给力的举措，为教师不断提高自己的学识水平、多维度接触社会、走向国际开阔视野起到了非常积极的作用。

不过，回到课堂教学改革，回到育人本位的学校或班级德育研讨活动的缺失，还是让教师专业成长成了空中楼阁。相对而言，我以为，我国的校本教研活动，以专家引领、同伴互助、项目推进、主题研讨为主要特征的校本教研活动，扎根课堂，聚焦学生学习能力，围绕教师专业核心成长，比新加坡要成熟、扎实很多。

比如，在被问及教师专业成长之校本培训时，不少专家闪烁其词，从中我看到了新加坡教师校本培训的缺失，看到了新加坡教师培训落在理论与实践相结合的专业核心成长制度设计上的缺失。于此，我不禁疑惑，新加坡学生的学习能力能否在专业性极强的教师指导下有较大的提升。

在教师发展中，新加坡重视教师职业规划，让教师在专业上更精细化发展；重视教师专业广度的发展，让教师可以在专业发展的核心层面有更大作为。让教师们不断地审视自我、发现自我、促进自我成长，从而更好地服务学生、服务学校、服务国家与社会，是新加坡教师发展与国家教育给予我的思考。

三、从新加坡学生的成长看新加坡教育

新加坡的学生既幸运又压力重重，是新加坡教育制度设计之必然，这在我对家长或孩子的访谈中也得到了初步验证。

学生的幸运源于新加坡“全人教育”落地。新加坡提倡学生全面发展、个性成长，并且学生能力与价值观的培养越来越成为教育关注的重点。新加坡完善的教育制度，不只专注学生的学业成绩，同时重视对学生进行“全人教育”，让他们在变幻莫测的未来世界里有沉着应对挑战的能力。

走进新加坡，我特别感慨他们通过课程辅助活动来推进“全人教育”。课程辅助活动着眼于孩子“德智体美群”全面发展，重视学生的品格及领袖素质，满足学生多元化的兴趣，培养其国家意识及个人技能，也促进社会的融合。因

此，不管小学还是中学，包括高中，每个学生都必须参与1～2种课程辅助活动。课程辅助活动有运动类、制服团体、视觉及表演艺术、社团及各种学会，等等。学生根据自己的兴趣爱好进行选择，第一次选择时学校还会安排一周的实践将所有课程推出，让学生体验后再做决定。当然，一旦决定则不允许随意更改。新加坡鼓励学生从小学三年级开始参与，初高中学生则必须参与，纳入学生中考、高考。

为保证课程辅助活动高质量开展，从小学三年级起，新加坡国家教育部就鼓励学生全员参加，个性体验。到了中学，学校每周组织2次课程辅助活动，每次2小时，纳入课程体系。首先，在初、高中，课程辅助活动跨越不同年级和不同课程，每个学生至少可以每周参加一次活动；其次，学校一般单独聘任专业人员担任课程辅助教师，同时有3～4名本校教师协助管理一个辅助课程活动；再次，课程辅助考核严格规范，重过程、重参与、重成绩贡献等。课程辅助活动以学生兴趣为主导，为比赛做好准备，着重培养团队精神、自律及责任感，兼顾培养学生的关怀精神。

课程辅助活动为孩子的个性化发展提供了可能。在新加坡，学习成绩不出类拔萃的孩子，通过课程辅助活动发现并培养自己的一技之长而最终成为对社会有用之才的例子也并不罕见。

《品格与公民教育》也是新加坡落实"全人教育"的重点课程。

在小学阶段，小学一年级至三年级每年保证有60小时，小学四年级至六年级有75小时的"品格与公民教育"课程。这类课程具体涵盖了"品格与公民教育"课、级任教师辅导课、"品格与公民教育"校本课程及"品格与公民教育"指导单元四大板块。其中，"品格与公民教育"课以学生母语传授品格与公民教育的价值观、知识和技能；级任教师辅导课教授社交与情绪管理技能，并建立良好师生关系；校本课程主要是利用周会进行教学，根据学校价值观开展相关课程；公民教育指导单元落实性教育课程。

到了中学阶段，"品格与公民教育"每年总课时60个小时，含三大板块。其中，"品格与公民教育"课以英语传授品格与公民教育的价值观、知识和技能；职业辅导课关注学生教育与职业辅导。

初、高中课程则特别强调三个重点：认识国家政策，认同新加坡公民身份，以推动新加坡继续前进；愿意领导并影响他人，并做出不同的贡献；为未来做好准备，包括个人职业规划、应对全球化的工作性质及不断变化的环境。

新加坡“品格与公民教育”从小学到初/高中整体设计，循序渐进。关注个人成长中人与自我、人与他人、人与社会的关系，从身份认同、文化认知到参与社区活动的积极性等，为学生全面健康成长及未来能成为“充满自信的人、能主动学习的人、心系祖国的公民、积极贡献的人”夯实基础。

我以为，“全人教育”理念指导下的新加坡学生大多健康、阳光、大方、得体。坚守育人的底线目标使学生能成为踏上工作岗位不焦虑，与人交往不猥琐，融入社会有担当，面对自我与家庭能自食其力的合格公民。

学生的压力来自小学四年级开始的新加坡分流制度。新加坡重视精英教育，小学三年级设置高才班，小学四年级分流的分层教学，毋庸讳言，孩子们在这样的制度下，学习的压力是很大的。在新加坡，曾听一位普通教师述说，分流后以末源流学生为主的邻里学校，大部分学生因为被贴上了“差生”的标签而过早进入不想学、不肯学的状态。

分流制度的实施在新加坡已历经几任教育部长，家长对此政策经历了从最初的不能接受到现在的普遍理解；与之相对的保底教育一定程度上保证了孩子毕业都能有稳定的工作，因而确实没有引发家长过度焦虑。在与新加坡学生家长的交谈中，我发现优秀的学生家长普遍能接受分流制度，并很早规划，提前应对；而处于社会底层的家长则缺乏前瞻性思考，听之任之，分流后也能麻木接受。

作为教育工作者，我们能清晰地看到，过早分流导致学生过早自我放弃，还在一定程度上影响了学生的自尊心与自信心。而对于有些孩子，小学四年级分流无法匹配他们的成长规律，或者在他们自我意识的觉醒还未到来时，政府就已经浇灭与掐断了他们的成长梦想与希望。

因此，新加坡如同欧洲、美洲的发达国家一样，阶层固化已经成为不争的事实。这与其发展最初的“不拘一格降人才”的选拔方式相违背，与国家发展需要更多层次更多元人才的涌现也相矛盾。

当然，新加坡政府已经看到了这个问题，他们开始对分流进行反思，以及逐步开始以科目编班代替小学毕业分流。笔者以为，这是新加坡教育制度的进步！

总之，新加坡教育从主流价值观入手，着力培养人一生发展所需要的知识、技能、意志、品质、态度等，让教育为国家服务、为个人服务，也为社会的再文明、再进步服务。尤其教育协调了个人发展、国家发展与社会发展，这是新加坡教育的先进之处。同样，新加坡教育发展过程中，根据国家发展需要、时代发展需要而不断调试的学生培育目标、教师成长方式，以及与此匹配的教育制度改革，值得我们进一步思考并借鉴。

2020年1月18日

管理与文化篇

“制度为先，文化为本”，如果说上一篇强调的是制度管理，那么本篇则展示的是新加坡的文化引领。

走进新加坡，徜徉在先进文化引领下的新加坡教育领域，我看到贵在激励的学校教师管理制度，重视理念驱动的先进文化引领，强化自尊自强的国家认同感管理……亲爱的读者，不妨一读！

新加坡教育的顶层设计和闭环管理

本周令我印象最深的教授当数陆家祺先生，他亲近、随和、质朴，用家常口吻花了两个半天的时间与我们分享了“新加坡的教育发展”和“新加坡的教育改革”，让我们对新加坡自独立以来以生存为主导的国家教育体系到20世纪七八十年代以效率为主导的双语政策、学生分流，90年代以能力为主导的“少教多学”,21世纪初以价值为主导的品格与公民教育，一直到今天以性向(潜能)为主导的多途径、新机遇的教育新政策有了一个全面概览。每一个阶段不同教育价值选择背后所折射的正是不同历史阶段的新加坡对教育的判断，正是基于对人的成长以及社会、国家之所需，政府对教育做出了最审慎、最恰当的选择，这不得不让我们佩服新加坡政府对教育的精准判断与精准发力。

剖析教育助力国家发展背后的因素，我们从中可以感受教育的魅力，以及教育者的使命与光荣。

因为新加坡小，政令畅通，即使错了调转方向也很容易，所以新加坡教育改革容易成功吗？但仔细一想，又不全然是，尤其听了报告——“新加坡教育改革”，细品其教育制度的顶层设计以及执行过程中的闭环管理，我想这才是新加坡改革能真正成功的关键因素。

首先说说顶层设计。我以为可以用两个“三赢”、一个“志向”来高度概括。它完美设计了教育从人才培养的起点到人才培养的最终落脚点与归宿点的全过程，为人的一生发展做好了设计，也为教育之于社会、国家的发展做好了设计。

第一个“三赢”指的是教育部、教育学院和学校的三赢关系。从角色分配角度来讲，这三者分别是教育政策制定者、教师培训执行者以及理论实践者；从功能角度来讲，他们又分别指向追求卓越、理念探索，以及校本教研；从过程性的功能定位看，他们又分别扮演“依法问责”“解读标杆”“监督管理”。三者角色不同、职能不同，却共同达成教育的预期效果。比如：小学的教育成果是孩子对事物拥有好奇心，能为自己设想和表达自己；中学的教育成果是学生拥有创新性和创业性，拥有广泛的知识基础，以便接受更高层次的教育；而大学的成果是培养学生创业性、创意性、独立及创意思考的能力。从上述三阶段教育预期成果的表述来看，均侧重对学生创造性思维、创意活动以及创造性能力的培养，这也是新加坡教育对高素质人才的追求所在。

第二个“三赢”指的是政府、学院和企业的三赢关系。这对三赢关系中，政府充分发挥着协调的职能，制定规划；学院此时是提供研发者；而企业则尝试创新。在这个三赢关系里校企合作凸显，市场导向的课程设置，商业界、法律界、财政界及社会人士的参与，一定程度上强化了师生的专业能力。

如果割裂地看两对“三赢”关系，也许有人还不以为然，但如果将两对“三赢”关系看作一个整体，并且是一个教育总目标——“多途径，新机遇”支持国人发挥潜能，实现志向——统帅下的两对“三赢”，我们就会发现新加坡教育顶层设计之完美。它的教育将人的发展置于中心，将政府、学院、学校、企业紧密联合在一起，让他们各司其职又精诚合作，各自充分发挥着强大的培养人的功能，且将人的培养纳入以发挥潜能、实现志向，又立足社会、服务社会，立足国家、服务国家为目标导向的整体设计中，将个人成长与国家发展紧密结合，为新加坡发展培养、储蓄了一大批精英人才。这是新加坡教育顶层设计的精妙之处。

再说说“闭环管理”。开课伊始，陆先生让我们分组讨论并大班交流推进教育改革的最困难因素。学员们除了将最关键因素落脚到教师难以推动外，在深层次的剖析中大都聚焦“评价”这一核心因素。事实上，评价就是我所说的“闭环管理”的体现；或者说，考核是“闭环管理”中的最后一个环节。

“闭环管理”，本是企业术语，指一个问题发生后，只有有效解决后，才算完成。“闭环管理”，即由综合闭环系统、管理的封闭原理、管理控制、信息系统等形成的一种管理方法。在生产中，把全公司的供—产—销管理过程作为一个闭环系统，使系统和子系统内的管理构成连续封闭的回路，且使系统活动维持在一个平衡点上，进而使矛盾和问题得到及时解决，决策、控制、反馈、再控制、再反馈……从而在循环积累中不断提高，促进企业超越自我，不断发展。

听完“新加坡教育改革”报告，新加坡教育的“闭环管理”鲜活于我心中。要言之，其主要表现为：学校教育的分流制度，教育部、教育学院和学校三赢关系中的“监督管理”，教学改革中以学生为中心的“互动教学”的“评价”，等等。

新加坡学生分流制度始于20世纪80年代，学生一般要经历小学四年级分流、小学毕业后分流、中学毕业后分流等。不同阶段的分流，都让孩子依据自身学习能力选择到适合自己发展的学校继续深造，或为成为优秀的劳动者而继续学习。我以为，这种人才培养路径的闭环式管理在一定的历史阶段，为新加坡国家的稳定、为新加坡在不同领域培养精益求精的人才，从而为助力国家发展做出了巨大的贡献。到今天，新加坡教育从“学生分流”转型到“科目编班”，人才培养环节的不断优化、改革，依旧是为激发每个孩子不同的潜能，让每个孩子获得更好的发展。这是制度设计上的人才培养闭环管理最有力的证据。

囿于文章篇幅，前文提及的“三赢”关系中的“监督管理”，以及教学改革中以学生为中心的“互动教学”之“评价”的“闭环管理”在此不再阐述。细思新加坡教育管理“闭环管理”的成功因素，我认为主要源于以下三点：一是标准明晰而具体。人人都可以对标，管理部门更是可以对标检测执行部门的执行效果。二是学校或政府管理中各部门职能清晰而具体。比如，学校教师管理中，教学轨道成长、领导轨道成长、高级专业轨道成长职能各不相同。三是评价反馈落到实处。同样是教师发展，不适合教学岗位的教师则有其他成长轨道可供灵活选择。

新加坡教育这两大成功之道给了我很大的启发。

仓前实验中学“共赢”理念需再深化。无独有偶，2014年8月，我们在学校发展规划中第一次提出“学生、教师、学校发展共赢”的理念。对照新加坡的“三赢”，仓前实验中学的提法更多还停留在概念与口号中，即三者之间，定位如何？功能如何？评价如何？我们也可以有更深刻的阐述，进而使教师和学生在“共赢”理念的指引下，各自发挥各自的作用，从而达成三者共赢的美好局面。

我们初步的想法是，学校设计理念、制定制度，并给师生成长搭建平台，同时引进专业机构或个人评价师生，并指导师生或学校改进；教师负责自身专业成长，负责与时俱进，投身课程教学改革，走轻负高质之道；学生负责自身茁壮成长，理解学校育人目标与自身成长的对接，主动参与学校各类活动，主动与教师交流学习生活，与学校、教师形成合力，向上、向善、向真，努力成长。

学校“闭环管理”需进一步强化。学校工作纷繁复杂、千头万绪，都要学校各部门、处室去布置，去落实。现实管理中却存在工作重布置、轻过程、轻结果的现象，这对于学校各项工作的推进、学校高品质发展，尤其对教师以及学生的消极影响是无法评估的。

为了弥补这些问题，今后在学校管理，我们首先要强化管理部门“闭环管理”的意识，加强行政领导班子“闭环管理”学习；其次和各管理部门一起研究“闭环”的手段和措施，尤其是“闭环”标准的制定。最后重视并强化结果的管理与评估。新加坡教育评估中方式颇多，小到精神鼓励、物质奖励，大到与人员评优晋级的挂钩。今天听来，其实评估方式与我们也相差无几，但其优势在于闭环管理结果能令人心服口服，而这也正是引导新加坡教育蒸蒸日上的一大因素。

2019年11月1日

学校管理贵在激励

南洋理工大学吴伟博士给我们作了两场“国际化中的学校领导艺术”的主题报告。他儒雅睿智、风趣幽默，尤其讲座中频频引经据典，让我们既领略了领导艺术之精髓，更享受着我们中国古典文化的厚重与精妙，实在可叹可佩！课堂上，他分享了三个观点：领导就是服务，领导就是沟通，领导就是激励（因时间关系，关于第三点吴博士并未铺陈）。我想结合学校管理工作，谈谈“学校管理贵在教师激励”。

什么是激励？用管理学的原理来解释，激励就是组织通过设计适当的外部奖酬形式和工作环境，以一定的行为规范和惩罚性措施，借助信息沟通，来激发、引导、保持和规划组织成员的行为，以有效地实现组织及其成员个人目标的系统活动。通俗地讲，要别人去做你要他们做的事情，这种过程就是激励。驱使员工用最有效率的方式去完成工作，这项艺术即称为激励。在学校管理中，探寻的是后者，追求师生全力以赴，讲究高效高能。

学校管理，贵在激励教师。如果能驱动教师全力以赴教书育人，那么学校发展、教师自身成长、学生成长都将有无限可能。怎样激励老师？估计不少人会很自然地想到钱，古语云“有钱能使鬼推磨”“重赏之下，必有勇夫”。但如今，公办学校的教师奖励性绩效工资占教师收入总额的比例不大，且在分配上也无法拉大差距。因此，妄图通过“钱”达到激励目的，我深不以为然。更何况，金钱固然具有吸引力，然《礼记·大学》说得好："国不以利为例，以义为利也。"不以财利作为根本利益，而把仁义作为根本利益，这是一个价值观的问题，是治国者的治国理念和治国原则问题。同样，如果一味想靠金钱来调动教师的积极性，那么大家就只会去做与金钱有关的事，且出发点都在一己之利上。教育是一项需要情怀的事业，而事业需要真正的持久的凝聚力。因此，我以为，成就教师的事业，是激励教师最有效的手段。

策略一：初心激励，激发教师成长的动机

在学校，无论新老教师，管理者都应该经常性引导他们思考一类问题——我为什么做老师？我应该怎样做老师？我能助推学校发展吗？等等。这是教育初心之问、使命之问。每一位教师最初踏上讲台的原因可能不尽相同，也许是贪图让人艳羡的两个假期，也许是为了稳定的工作、相对清净的生活，也许是喜欢孩子觉得自己当老师比较合适，也许是当年考不上最理想的大学无奈选择了师范院校，等等。上述种种，都与做教师的初心与使命相距甚远。

那么，怎样对教师进行初心教育。综观国内外优质学校的发展，基于"平庸学校任务驱动，卓越学校理念驱动"的认识，结合自己所在学校的经验，价值观引领下的愿景描绘就是初心激励法。

我所在的杭州师范大学附属仓前实验中学，位于杭州市未来科技城核心区域——仓前街道。仓前是中国"梦想小镇"的诞生地，是中国"未来硅谷"的核心地，是科创信息经济的中心。仓前实验中学诞生于1958年，在仓前未被开发未被推到创新创业发展舞台前沿的年代里，学校教师和小镇农民一样，努力踏实，却也恬淡闲适。

随着城镇化进程的快速推进，学校的发展如何能不被区域发展淘汰，并能引领区域发展？我们历时三年，多次组织全校教师进行大讨论：我们应该打造什么样的学校？我们应该培养什么样的学生？我们应该成长为怎样的教师？我们应该做什么样的教育？等等。在讨论中，学校管理者和老师们一起分析区域发展的现状和未来，一起回顾学校的发展历史、判断未来发展趋势，一起学习习近平总书记提出的"立德树人"的教育根本任务，也一起审视当下自己的工

作态度和工作绩效。

在这个过程中，我们逐步构建了“价值观—教育使命—办学理念”学校发展三级理念体系。理念体系指向价值观和教育使命，勾勒了学校发展愿景。全校教师在共同愿景的描绘中，对自身使命与价值有了更深的理解和更高的追求。将学校发展与教师自身发展紧密结合，将学生个人发展与国家民族命运紧密相融来思考，教师教书育人的初心与使命就被激发出来。

短短几年时间，教师精气神满满，学校从余杭区的一所普通乡村初中学校一跃而为“余杭区名校”、杭州市首批“美丽学校”、杭州市“文明学校”、浙江省“三育人先进集体”、浙江省“治安安全示范单位”、浙江省“首批省级教师发展示范校”、浙江省首批“全国零犯罪学校”……

仓前实验中学的办学愿景是：育有梦想的学生，做有思想的老师。学校发展定位为：适应未来发展的高品位优质科技城学校。学生成长目标是：有乡土情怀、学识底蕴、众创意识的追梦少年。教师成长目标是：以爱心为底色，以师德师能为双翼，以学生、教师、学校发展共赢为追求的当代优秀教师。

策略二：专业激励，激发教师成长的核心

教师要坚守初心，实现自身价值，专业是其核心竞争力。因此，用专业成长激励教师无疑是最恰当的选择。

制定规划是前提。虽然教师成长有了统一的追求，但具体到每一位教师，大家还要制定各自的成长规划，含成长总目标、成长阶段目标、成长措施以及成长小结与反思等。三年一规划，每年一总结，并辅以考核展示、评价表彰。

搭建平台是基础。搭建发展平台，学校根据不同教师的成长目标为其量身定制。比如我们学校有青年教师成长营、骨干班主任训练坊、特级教师孵化器、太炎书院精进班、“欣成长”教师工作坊以及名师结对、特级教师一对一指导等多层级教师成长平台。学校采用教师自主报名与校长室推荐的方式招募相关教师。每个平台工作的开展都有固定时间、固定地点、固定主题，每一次活动结束每位学员都有作业反馈。尤其是我们结合高密度、多层次的人员莅临学校交流的机会，把很多教师推向展示交流的平台，这既是学习成果检验，更是再学习、再

反思的实践。

在每次展示活动中，学校都深深领悟到：教师只有深度参与，才能在“学习—反思—实践—反思—学习”五步学习中得到深入彻底的思考，从而有长足的动力。因此，学校还多方为教师搭建外出展示、交流的平台。比如：与兄弟学校进行课堂交流活动，江苏南京二十八中、浙江嘉兴余新镇中学、浙江临海学海中学等，都有我们教师的身影。再比如，浙江省“百人千场”送教下乡活动，我们每年有数名教师参与，或到浙江开化村头初中，或到嘉兴泗洲中学等。这些外出交流展示活动，大大激发了教师的荣誉感以及专业成长的成就感。

专家引领是保障。教师的专业成长，离不开教师的同伴互助，更需要专家的专业引领。仓前实验中学紧邻杭州师范大学，充分依托“校地”合作优势。教师专业成长的每一个项目都由杭师大的教授领衔，并遍邀省内特级教师等学科大咖做导师。在备课、上课、科研等方面，有了专家指导的仓中教师都实现了瓶颈突破。仅2018年，在浙江省教科院副院长王健敏的指导下，学校14个课题全部实现区级立项，其中4个课题被杭州市立项，1个课题被省级规划立项。

策略三：用人激励，激发教师成长的关键

把每一位教师放在合适的位置，让他们发挥更大的作用，就是以发展人为根本的用人策略。如此，教师专业才会螺旋式上升，走向终身学习、终身发展的良性循环发展道路。这也要求学校管理者在培养教师专业成长的同时，还要具有能识才的慧眼，有能力把老师安排到合适的岗位予以正向激励。在这一点上，新加坡教师成长模式给了我们很好的启发。

在新加坡，教师踏入工作岗位几年后，根据自身特点及未来发展期待，有三条职业发展路线可选择，分别是教学轨道、行政轨道、专科轨道。其中，教学轨道是教师教学专业发展的轨道，教师可以沿着课室教师到高级教师、主导教师乃至特级教师、主任特级教师这样的轨道成长上升。行政轨道则为由课室教师、科/级主任、部门主任、副校长、校长及至校群督学、司长/副司长等。专

科轨道也有一系列的上升通道，如高级专科督导、主任专科督学、特级专科督学、主任专科督学、首席专科督学等。三条教师专业发展路线让每位教师都能寻找到适合自己成长的道路。

我们学校，虽然没有像新加坡那样明显的上升通道，但也注重在教师成长的过程中不断地发现人、培养人，在不同的岗位上锻炼人、发展人、培养人。除了行政岗位的发展、学术研究型发展外，学校目前更多地在培养各学科的带头人。希望学科带头人拥有学科话语权，拥有学科影响力。

当然，在用人激励上，我们还得注意四大原则：**信任老师、放手松绑**。管理者以和煦温暖的态度对待教师，调动教师的积极性，充分发挥他们的潜能，尤其是对各部门负责人；**将心比心，理解万岁**。北宋哲学家程颐认为："遇到事情肯替别人着想这是第一等学问。"明代思想家吕坤在《呻吟语》中说："善处也者，要得人自然之情。得人自然之情，则何所不得？失人自然之情，则何所不失？不惟帝王为然，虽两人同行，亦离此道不得。"一个被人认为是自私自利的人，并非只因为他寻找自己的利益，而在于他经常忽视别人的利益；**知人善用，授权灌能**。美国通用电气公司总裁韦尔奇说："我们把赌注押在我们选人工作上，因此我的全部工作就是选人。"**积极反馈，赞美至上**。越表扬越努力，越努力越幸运，赏识教育是现如今大家都懂的道理。

什么是领导？美国西点军校"血胆将军"巴顿曾如此概括："明确组织目标，并教导和激励下属变化组织目标的人，才是真正的领导。"美国总统理查德·尼克松也曾说："领导人不仅要决定什么是应该干的事，而且要说服他人去做好这件事。"从制定目标到实现目标，教导和激励是他们唯一强调的途径和方法。对此我是认同的，因此重申：学校管理贵在激励。

2019年12月13日

让学校课程管理“可视化”

郑家小妹热情邀请我们去新加坡莱佛士女子学校（RAFFLES GIRL SCHOOL，简称RGS）参观他们的学校开放日。该学校于每年11月举行学校开放日，旨在给小学毕业生的家长一个深入了解学校的机会。据郑家小妹介绍，这所学校是新加坡位列前四的学校，进入该校，就意味着日后中考免考直升高中。根据新加坡的分流制度分析所得，全新加坡每年前10%的孩子有机会升入这样的学校。当然，类似这样牛气冲天的新加坡名校，平日里，无关人员是很难有机会走进校园一睹其“芳容”的。

带着对该校的好奇，一大早，我们学友仨就坐着郑家小妹的私家车兴奋地出发了。该校区是今年7月刚竣工并验收、二次装修完毕的又一个新校区，功能齐全却质朴无华，走过阅读区、运动区、展示区，“全人教育”“孩子第一”的新加坡育人理念在我们的脑海里留下深刻印象。尤其是在我们参观的整个过程中，一拨又一拨的家长由该校一位位在校学生引导、陪伴、讲解、静候着。他们自然、大方、得体，令我想起国内类似活动中的学生志愿者，但其气定神闲的模样中，透露出与这个年龄段的孩子相匹配的顽皮可爱，却是超过了我们的学生志愿者。那一刻，我又忽然想到了支撑他们努力又自然生长的“课程辅助活动”。

我将新加坡的课程辅助活动理解为学校设置的除学习类课程以外的综合

实践活动类课程。它由新加坡教育部直接管理，并由教育部具体负责其政策的制定、实施与评估，是新加坡“全人教育”实现的重要载体与途径，其功能更是指向学生的品格与公民教育、素养与个性等。我以为，他们的课程辅助活动无论是理念、设计还是实施与评价，与我们浙江省新课程改革背景下实践五年的拓展性课程有着异曲同工之妙。我拿两者进行比较、分析，并试图寻找两者成功的共性：学校课程管理的“可视化”。

学校课程“可视化”管理，是学校育人目标得以达成的法宝之一。那么，何谓管理“可视化”呢？“可视化管理”本是企业管理用语，指的是利用IT系统，让管理者有效掌握企业信息，实现管理上的透明化与可视化，这样管理效果可以渗透到企业人力资源、供应链、客户管理等各个环节。“可视化管理”让企业的流程更加直观，使企业内部的信息实现可视化，并能得到更有效的传达，从而实现管理的透明化。将“可视化管理”的概念外延至学校管理，就是将学校需要管理的对象用一目了然的方式来体现。因此，学校课程管理“可视化”，即学校课程管理的全过程都能实现目视管理、一目了然管理、看得见的管理。而课程管理的过程，主要包括三个方面：课程目标管理“可视化”、课程实施过程“可视化”、课程评价结果“可视化”。

首先，实现课程目标管理“可视化”，即学校课程目标纲举目张，是课程有效实施及评价的具体标准，更是全校师生衡量教与学成果的尺度。

新加坡课程辅助活动是“全人教育”落实的主要途径之一，践行着“全人教育”总纲领，着眼于品格塑造（培养学生的领导、自信和自律精神），提升他们的社会交往能力和身体素质，以应对外面复杂的世界，同时培养他们对社区、国家的认同和奉献精神。比如，在品格塑造上，具体到各年段的要求表述也十分明晰：小学段“能够分辨是非，能够开展合作，分享和关爱他人，熟悉和热爱新加坡”；中学段“正直不阿，能够在团队中工作，对他人有同情心，认识国家，对国家有信心”；中学教育结束后“有道德有勇气站起来维护正义，能够跨文化合作，并承担社会责任，对成为新加坡人而感到自豪和理解新加坡在世界的地位”；等等。

在我国，为落实“立德树人”根本任务，北师大发布了中国学生发展六大核心素养，即人文底蕴、科学精神、学会学习、健康生活、责任担当、实践创新，这是国家层面培养“时代新人”的标准。在仓前实验中学，为使“时代新人”培育目标落地，我们生动具体地解读了“时代新人”的内涵，构建了仓中学生核心素养体系：一个形象——仓中追梦少年；三大特征——乡土情怀、学识底蕴、众创意识；五大核心素养——讲规则、担责任，强体魄、有活力，厚基础、善学习，有梦想、勇追求，勤实践、会创新；以及二十个操作点。这是基于仓前地域特征（位于城西科创大走廊区域、梦想小镇及中国“未来硅谷”，集聚创新创业的时代发展新地标）和仓中学生实际（城镇化快速推进大背景下，学生缺乏理想抱负），在学校“教育，为学生有意义人生奠基”的办学宗旨指引下，凝练出的学生核心素养培育体系，简称“13520”体系，又称“一生我爱你”体系（见图3）。

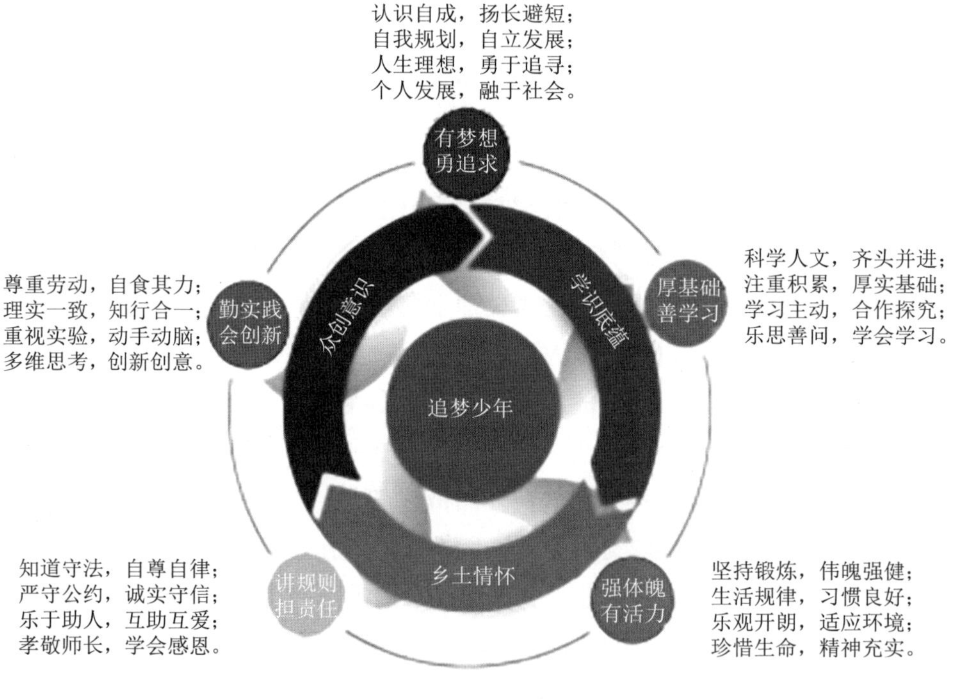

图 3　杭州师范大学附属仓前实验中学学生核心素养体系（13520 体系）

仓中“13520”体系是国家学生核心素养体系的校本化实践，“5×4个操作点”是2016年版《中小学生守则》的具体化，符合新时期教育方针政策和总任务的要求，又把德育的理想性和现实性结合起来，努力做到言行一致，为学生形成正确的世界观、人生观和价值观奠定基础。

在“13520”体系下，仓中学生成长目标清晰。于是，指向学生“讲规则、担责任”的“法律零距离”拓展性课程，指向学生“有梦想、勇追求”的“追梦系列”拓展性课程，以及指向学生“勤实践、会创新”的“创客体验”拓展性课程在学校推进得有声有色、有花有果。

其次，实现课程实施过程“可视化”，即学校能有效监控课程实施的过程。而课程过程实施的有效监控，不外乎课程内容明确、课程实施系统支持、实施过程动态化管理。

新加坡课程辅助活动的设置，从小学三年级开始，一直贯穿初中直至高中。它的活动形式多样，有运动、视觉及表演艺术、社团及各种学会。为保证课程实施，明确课时并纳入学校总课程，小学每周活动1次（中学2次），一年活动30周。为了激发学生参与的热情，课程辅助活动以学生兴趣为主导，跨越不同课程和不同年级，以体验式学习法为主要学习方式，同时为比赛做好准备。在管理层面，更是形成了学生参与、教师指导、家长支持、社区协同组织的多方位、立体化管理体系，实施过程及时总结、及时反馈，为学校、教师与学生的下次参与活动调整给出依据。

在仓前实验中学，我们在拓展性课程实施的过程中，也十分重视“可视化”管理。比如，2018年学校七、八年级20个教学班，共开设体艺特长类课程38门，有足球、田径、乒乓球、羽毛球、舞蹈、校园话剧、健美操、吉他、影视欣赏、书法、国画、电脑制作、智能机器人等，根据学生需求开设课程。在师资来源上，除本校有特长的教师外，还有杭州师范大学资深教授，比如，话剧方面有黄岳杰老师、国学有周掌胜老师、声乐有周振宇教授、健美操有李剑如教授，等等。此外，我们还大量引进杭师大青年志愿者，以及社会上有专长的业余人士。在班级设置上，我们打破年级界限，报名人数多的，我们还根据学生基础差异分成精英班、提高班、普及班等，便于教师因才辅导。

当然，与新加坡课程辅助活动相比，我们在课程实施支持系统以及动态管理方面还可以进一步优化。

再次，实现课程评价结果“可视化”，即课程评价结果量化，并纳入学生学业评价考核体系。

随着对“全人教育”认识的日益深刻，新加坡对学生成长的认识早已不停留在考试成绩的层面。因此，他们对课程辅助活动的认识日益丰富，比如：促进平衡，提供全方位教育，满足学生多元化的兴趣，培养国家意识及技能，促进社会融合。于是，自1995年起，课外活动成绩纳入学生进入初级学院和理工学院的总分；2000年，将课外活动改为课程辅助活动后，其成为DSA直接招生计划（从小学到中学）的指标之一。这反过来又促进了课程辅助活动在新加坡的有效推进，从而为培养适应未来发展的人才夯实全方位的素养基础。

说到这里，我由衷地佩服新加坡政府对于教育改革的彻底。他们的决心和勇气，似乎可以在现任总理李显龙于2006年8月31日在教师节群众大会上的讲话中找到答案——“教育是我们所能给予孩子们最宝贵的礼物。这是对我们的未来最关键的投资和使我们在变化的世界中可以生存和繁荣的最有效战略。”再联想到新加坡第一任总理李光耀还兼任过教育部部长，故而新加坡对教育之重视，对人才培养认识之精准，也是情理之中。

在我国，关于如何评价拓展性课程以及如何使用评价结果，虽然我们有相关的体艺“2+1”，也将学习结果以等第的形式纳入中考前置条件，但由于我们的项目在达成度上相对较高，大部分学生从趋利的角度，以合格或优秀的达成为追求目标，反而对课程意义理解不够。至于各校开发与实施各类拓展性课程的现状，我以为有几个“不一”：各校开发资源、开发力度不一，各校考核方式与评价标准不一，各校考核结果使用不一。

当下，我们要深入推进课程改革，推动拓展性课程的有效实施，除了要进一步加大宣传力度，着眼于人的终身发展来重新认识拓展性课程实施的目的与意义；除了教育行政部门要加强对各校拓展性课程开发的指导工作，对将要实施的课程进行审核，让师生、家长明确学校开设该课程的目的与意义，学校层面与教育行政主管部门还需要进一步加强对课程的“可视化”管理。课程实施过程中要充分调动一切资源，让课程开到社区、开到企业、开到社会生产生活实践中，将评价结果“可视化”。我想，任何一项考核只要关注了人的可持续发展，就一定会有很强的生命力；同时，若它与孩子的中高考能实现更有效地挂钩，其推动力也一定会更持久强劲。

2019年11月17日

新加坡的教育理念体系及思考

一

走进新加坡，聆听、考察、交流，使得我对新加坡教育理念体系有了较为全面的了解。他们以育人目标、愿景、使命、价值观来表述“使命”的本质与我国的“办学宗旨”相似。

新加坡教育理念体系，从国家教育部到各学校，自上而下，一脉相承。新加坡教育总愿景是：重思考的学校，好学习的国民。教育总使命为：教育，我们塑造国家的未来。总核心价值观是：尊重、尽责、坚韧、感恩。总育人目标是：充满自信的人、能主动学习的人、心系祖国的公民、能做出贡献的人。它是各学段、各学校教育理念体系的总纲领。分解至各学段理念体系，比如学前教育愿景是：每一个孩子有一个好的开始；使命为：确保每一个孩子都能得到学前教育的服务，茁壮成长。小学教育愿景是：一个健康、愉快、充满活力的学习型组织；使命为：培育孩子，面向未来。具体到某一所学校，比如莱佛士女子中学的愿景是：立志、奋斗，敢于成为更美好时代的积极创造者；使命为：培养高素质女性，成为在服务国家和社会时施展其才能的领袖。

1956年新加坡“被”独立出来，国土面积仅为杭州市余杭区的三分之二，既无地下矿产资源，也无丰富的淡水资源。新加坡教授调侃道：“我们新加坡除了阳光，其余都需要依靠别的国家。”当然，新加坡更无大量的人力资源。先天资源匮乏的新加坡硬是通过几十年的努力，一跃成为“亚洲四小龙”之一、四大国际金融中心之一，也是亚洲重要的服务和航运中心。它的崛起，凭借的不仅仅是马六甲海峡独特的地理位置，更在于政府的忧患意识与发展意识。他们的远见卓识，在对人才培养的高度重视上可见一斑。自独立以来，新加坡始终在构建并不断完善对新加坡发展能人尽其才的人才培养体系，强调人才要为新加坡服务、为新加坡国民谋取永久的幸福生活来彰显自身的价值。

新加坡文化体系中，重视对人的价值观的引领和塑造，可谓抓住了文化的核心元素。价值观，是引导行为的基本信念和原则，也是鉴定行为的标准；学校价值观，即学校全体教师朝向愿景和使命迈进时做决定的标准。新加坡对学生价值观的培养目标非常鲜明，且渗透在每一次活动、每一门课程、每一堂课中，重视各学科之间的相互迁移，以及通过学生在校与在家庭中的行为习惯来评价该生的价值观内化程度。比如，讲座“如何通过体育运动灌输价值观”，让我们心生敬意，也给予了我们深刻启发。

学校理念体系指明了学校发展与师生成长的方向，指明了我们教育的目的与价值追求，而价值观则是检验自身行动的标准。学校办学理念体系是学校先进文化的重要组成部分，而价值观更是先进文化的核心。我想，这也是新加坡教育人自我价值反复追寻并内化的过程，是新加坡人不断走出舒适区的原动力，是新加坡教育不断追求卓越的精神品质，它为新加坡的持续发展奠定了坚实的人才基础。

二

从新加坡的教育理念，我联想到仓前实验中学办学理念体系的构建主要经历了两个阶段：第一阶段，2013年8月至2016年12月，形成办学理念体系的初级形态，包含办学理念、办学愿景、学校发展定位、师生发展目标；第二阶段，2018年3月至5月，办学宗旨的提出，代表着仓前实验中学原有办学理念体系有了上位理念。

办学理念，是教育理念的下位概念，是校长基于“办怎么样的学校”和

“怎样办好学校”的深层次思考。从某种意义上说，它就是学校生存理由、发展动力、追求卓越期望的有机构成。基于“梦想小镇”地域特征，面对学生大都缺乏理想抱负的现状，仓前实验中学适时提出办学理念——让梦想成就学生的美好未来。

学校愿景，即我们一起描绘的理想学校的模样，引领、激励、组织全校教师对未来情景进行意象描绘，把学校教育教学活动聚集在一个核心焦点上。仓前实验中学的办学愿景是“育有梦想的学生，做有思想的老师”，意为办有梦想、有思想的校园。校园内，师生因梦想而能自主奋发，因思想而能追求卓越。

学校发展定位，即学校发展的标准或境地。仓前实验中学近期发展定位是“打造适应未来发展的高品位优质科技城学校”。

师生发展目标，即师生成长的标准或境地。仓前实验中学学生培育目标是“育有乡土情怀、学识底蕴、众创意识的追梦少年”，教师培养目标是“爱心为底色，师德师能为双翼，学生、教师、学校发展共赢为追求的当代优秀教师”。

仓前实验中学教育凝练为“梦想教育”，办学理念体系围绕“梦想”进行提炼，有以下几点思考：基于“梦想小镇”地域特征；重视激发学生内驱力；追求学生精神成长；同时体现了小镇居民“缺乏理想抱负”的特征；反映了时代精神，中国梦需要大众梦来支撑，需要教育梦来依托。

办学宗旨，指向的是师生在学校生活、学习、工作的依据和准则，主要回答我们是干什么的？我们按照什么原则干？

2018年3月，中美贸易战打响。贸易战的本质是科技战、人才战，进而是教育大战。彼时，任正非两次做客中央电视台均大声疾呼：“教育乃国家富强之根基。”结合我国“社会主义建设者和接班人”的培养目标，提升治校办学、教书育人工作水平，我们必须旗帜鲜明地拒绝培养精致的利己主义者。仓前实验中学适时提出办学宗旨——教育，为学生有意义人生奠基，强调培养将个人发展与祖国富强民族繁荣紧密结合、具有大德大爱大义大情怀的人。

办学宗旨的提出，回答了学校“梦想教育”理念体系上位问题，即“梦想教育”的目的和意义；聚焦“人的有意义发展”，彰显了价值追求的理念体系，显示现代学校的国家担当和社会使命。

2019年9月9日，浙江省教育厅教研室副主任柯孔标率全体教研员来仓前实验中学进行全学科课堂教学调研活动。学校交流环节，我汇报了学校办学理念体系指引下的课程教学改革。调研反馈时，柯主任充分肯定仓前实验中学坚持课程教学改革，锐意进取，成绩显著，并十分赞赏我们与时俱进的办学理念体系，尤其在于揭示了教育与学生未来有意义人生的关联。

三

比照新加坡教育理念文化体系，虽然仓前实验中学的育人目标、办学宗旨等蕴含了我们的价值追求，但相对于新加坡单独提炼的“价值观”，我们的表述对于价值的追求彰显不足。

回顾过往，学校连续6年隆重表彰“仓中美丽教师”以及“影响仓中年度人物”。我们从优秀教师身上提炼出的特质：挚爱、坚持、奉献、担当，并有意识地将这些品质提升为教师的精神价值追求。遗憾的是，这些精神品质一直游离在学校办学理念体系之外。

感受新加坡对价值观的鲜明倡导时，我突然醍醐灌顶：我们为什么不据此提炼我们的价值观呢？比如：挚爱、自律、坚韧、尊重、感恩、担当，等等。下一学年，我们可以组织全校师生大讨论，进一步提高思想认识，用仓中价值观来成就仓中教育使命，用仓中教育使命激励师生成长、引领学校发展（见图4）。

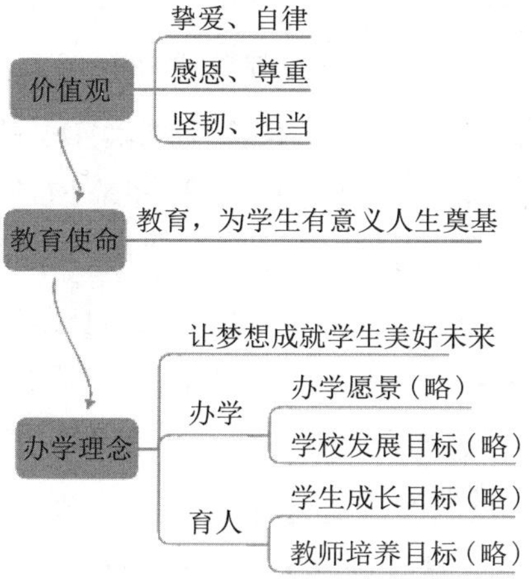

图4　仓中办学理念体系

价值观—教育使命—办学理念，价值观引领的学校办学理念三级体系可以有效引导每一位教师和学生不断追问与反省自身价值，寻求存在的意义与做人、办学校的价值。我想，这是办学理念体系应该遵循的价值核心。

此外，完整科学的办学理念体系建构，还需厘清三对关系。

首先是办学理念与育人目标之间的关系。在我国，有的学校的办学理念体系与我们仓中一样有五个指标，也有学校分解为“办学理念”“办学愿景”“学校发展定位”以及“学生培育目标”四个指标。不管是四个指标或五个指标，其中“办学理念”是基于“办怎么样的学校”和“怎样办好学校”的深层次思考，聚焦“办学”；“育人目标”围绕着“培养什么样的人”和“怎样培养人”的问题，聚焦“育人”。“育人”是学校生存与发展的起点与归宿点，是学校办学之根本。办学理念依据育人目标去设计、去实施，因此卓越的学校办学之路，也一定是优秀人才的培育之路。

其次是学校愿景与学校发展定位之间的关系。就概念而言，这二者似乎都是指向学校发展的模样、未来学校发展的境地。但是仔细甄别，前者侧重于“未来理想学校的描绘”，而后者倾向于“近期学校发展的目标”。就仓前实验中学的办学愿景来说，我们仓中教育人需要一代甚至几代的不断努力，而仓前实验中学的办学定位则是当下仓中教育人奋进的目标。我把它们分别比喻成我们的两个“一百年”发展目标：第一个目标，成为“适应未来发展的高品位优质科技城学校”；第二个目标，实现“师生有梦想，有思想”。

最后是理念体系核心与理念组成部分之间的关系。综观仓前实验中学办学理念组成部分，不难发现我们学校的办学理念体系凸显的是“梦想”。一是位于大众创业、万众创新的“梦想小镇”，这里应该是一个筑梦、追梦、圆梦的地方；二是在城镇化快速推进的过程中，学生大都缺乏理想抱负，以“梦想”激励学生成长，关注了学生的精神动力，关注了学生的可持续发展；三是习近平总书记提出了“中国梦”，而中国梦的实现需要教育梦来支撑，需要大众梦来依托。因此，不管是四条还是五条，我们都要围绕核心，凸显一所学校的教育理念。事实上，我们的理念体系也是从分散走向核心，并最终确定了“梦想教育”的教育方向。从仓前实验中学的历程来看，不管学校的理念表述多么精彩或多么深刻，如果不聚焦的理念体系、不能表达学校的核心价值，终究会贻笑大方。

总之，学校办学理念体系是学校发展目标，是师生前进动力，更是学校追求卓越的灵魂指引。在赴新加坡访学之前，对于办学理念体系的提炼，我们经历了从碎片化走向系统化的过程，比如，我们办学的思路更明了，也逐渐凝练了师生精气神，助推着学校从一所不起眼的城郊接合部普通公办学校转型升级为具有现代城市气息的新品质学校。但与新加坡的学校相比，他们的办学理念体系更完善，体系上位“价值观”的提炼更明晰，也更简洁地指出了全体师生勇敢奋进的信念。

2019年12月7日

用先进文化引领学校卓越发展

什么因素会促进学校卓越发展呢？根据国内外优质学校的发展经验，我以为，平庸的学校靠任务驱动发展，卓越的学校靠理念驱动发展。

办学理念，是学校办学的理想和信念、灵魂和指针，也是学校可持续发展的精神支柱，是学校精神之所在、文化之根基，代表着学校的先进文化。正如内蒙古自治区巴彦淖尔市副总督学秦建军先生所言：有了先进的理念文化，学校的其他文化，如制度文化、课程文化、环境文化、教师文化就会次第产生，构建起先进的学校文化体系，才能培育学校核心发展力，培养学生的核心素养。

此次新加坡访学，“用先进文化引领学校卓越发展”的观点再次被验证。

一

2010年10月，教育部中学校长培训中心组织第一期全国优秀中学校长聚焦“教育是什么”“教育为了什么”以及“怎样才能办出真正的教育”，苦苦思索，形成了丰富而深刻的教育思想。国内各名校的校长们，如清华附中校长王殿军提炼了“面向全体，全面培养领袖人才”；浙江新昌县澄潭中学校长李辛甫提出“教育：培育美好人性”；浙江杭州第二中学叶翠薇校长提出“铭心相约：与祖国共命运，让师生心连心”；浙江杭州市长河高级中学陈立群校长提出“教育：爱与责任的事业”；江苏省苏州第十中学柳袁照校长提出“诗性教育：本真、唯美与超然”，都表达了他们对“真教育”“正教育”的执着追求。

随着时代的进一步发展，近几年，越来越多一线优秀校长们开始关注并逐渐构建办学理念体系，它是校长教育思想的另一种表达方式。当下，校长们参加的各级各类培训，无论是区级、市级还是省级、国家级，教育专家们无一不在指导校长们作办学思想的凝练、办学理念体系的构建。用学校先进文化引领学校卓越发展，已然成为校长们的共识与追求。

办学理念，是教育理念的下位概念，是基于“办怎样的学校”和“怎样办好学校”的深层次思考的结晶。从某种意义上来说，办学理念就是学校生存理由、生存动力、生存期望的有机组成。学校办学理念体系，除了“办学”问题，还必须思考“育人”问题，即“培养什么样的人”“怎样培养人”“为谁培养人”等问题。“办学”问题和“育人”问题，是学校教育的哲学问题，也是学校办学的最高纲领，对办学实践具有极强的指导作用。办学理念体系是学校共同体的教育信仰，主要回答五大关键问题，即学校的办学理念、办学愿景和育人目标等。其中，育人目标是学校教育哲学问题的核心和关键。在学校教育哲学问题的指引下，当下校长们在学校理念体系的构建上更趋完整与成熟。

如2017年浙派名校长培训班学员、宁波市北仑郭巨学校校长胡东，他和他的班子成员带领全体教师追寻“云衢书院”（该校前身）170年历史变迁，一路汲取教育精华，不断积累，用心提炼出了“云衢至善”的办学理念。“云者，青云；衢者，通衢大道也”，意为在此读书，可直通青云大道，步步高升，成就功名。但郭巨人要的不仅是一条读书的青云之路，而且要求学向善之道，即“云衢至善”。如今的郭巨学校，继续坚守郭巨人向上向善的精神，在“云衢至善”办学理念指引下，提出了“生有灵气，师有底气，校有正气，育有大气”的“至善教育”办学目标，做“至善教育”，育“灵秀少年”，就是郭巨人的“云衢”。正是在先进文化的引领下，郭巨学校发展蒸蒸日上，师生成长和谐共赢。

从上述内容中可以清晰地看到，21世纪以来国内优秀的教育同行们从未停止对“教育”或“办学”元问题的思考，也一直努力地催生着学校的先进文化。

二

走进新加坡，触摸新加坡教育，他们对学校教育哲学的深度思考，以愿景、使命、价值观进行阐述，其本质与我国是一样的。关于愿景、使命与价值观，新加坡资深校长是这样解释的。

学校愿景，即理想学校的模样。具有引领、激励、组织全校教师的未来情景的意象描绘，把学校教育教学活动聚集在一个核心焦点上。学校使命，指肩负重大的任务与使命。全校教师一起思考并回答“为什么要有这所学校”，是为生活、工作、赚钱还是肩负使命？前三者一定会让人沦于疲惫，而后者则使人自豪、积极与幸福，能激发全体教师对学校奉献的热忱。价值观，是人认定事物、判定是非的一种思维或取向。学校价值观，是学校全体教师朝向愿景和迈进使命时做决定的指标。

新加坡教育理念体系，在先进文化理念引领下，新加坡基础教育在2015年PISA测试中五项指标名列世界第一，这是先进文化引领学校卓越发展的力证。他们的理念文化体系，尤其重视对人的价值观的引领和塑造，可谓抓住了文化的核心元素。文化使人默认规则，而价值观则用以解释为什么要遵循这些规则。我想，这是新加坡教育人对自我价值反复追寻、内化的过程，是新加坡人不断走出舒适区的原动力，也是新加坡教育不断追求卓越的精神品质。

三

中、新两国优质学校的成长史，无一不在证明“先进文化引领学校卓越发展”。那么，如何催生学校先进的理念文化呢？

新加坡资深老校长胡春河先生与我们分享了他的经验：追问与理解、解读与理解。他反复强调，学校办学理念体系不是空降，不能来自某一个人，必须从下而上，不断引导教师追问、理解并描绘，然后由校长提炼、归纳、总结。在总办学理念体系及各学段办学理念目标的引领下，新加坡各学校办学理念体系既有全国教育的视野，又结合了各个学校的特征，达到了争取共识、引领学校发展的目标。

我国幅员辽阔，各地区经济发展各异，文化背景差异也较大。因此，在学校办学理念体系的提炼过程中，除了反复追问教师，由下而上提议，还必须由校长站在区域与时代发展的高度引导与启发，从上而下进行思想渗透。下面，以我所在的杭师大附属仓前实验中学办学理念体系提炼为例进行阐述。

紧握地域发展脉搏。仓前实验中学位于杭州余杭区的仓前街道。仓前是北宋时期的官府粮仓，因仓得名，已历千年。仓前人文底蕴深厚，经济发展强劲，教育事业繁荣。仓前是杭州海创园和未来科技城的所在地，这里海内外高层次人才集聚；仓前是浙江省第一个特色小镇——“梦想小镇”的所在地，充满“大众创业、万众创新”的浓郁氛围；仓前位于杭州城西科创大走廊的核心区域，这里被誉为未来的“中国硅谷”。区域经济的快速增长为学校发展提供了坚实的经济基础，杭师大为我们学校发展提供强大的专业引领，还有街道政府对教育的倾力支持等，这些令人羡慕的外部环境都为学校提供了难得的发展机遇。与此同时，学校要从一所普通乡村学校快速转型为现代高品质学校，面临着思想观念、师资水平、家长素质等严峻挑战。

面对城镇化进程的快速推进，学校该怎样顺势而为、乘势而上，是摆在学校面前的一道必须破解现实难题。近年来，我们发动全体师生员工数次开展办学思想大讨论，通过几个来回，逐渐厘清了学校的教育哲学：“让梦想成就学生美好未来”为办学理念，“育有梦想的学生，做有思想的老师”为办学愿景，“打造适应未来发展的高品位优质科技城学校”为发展定位，“乡土情怀、学识底蕴、众创意识”的仓中追梦少年为育人目标。

学校办学理念体系以“梦想教育”为核心，既体现了我们居“梦想小镇”、怀梦想教育的教育情怀，又彰显了我们注重学生的精神成长，注重对学生学习内驱力的激发，还体现了时代精神：中国梦需要教育梦来支撑，需要大众梦来依托。

回应时代变革诉求。“梦想教育”理念体系在一定时间内凝聚着全体仓中教育人，激励着仓中教育人为助力学生发展、实现自身价值而奋发进取。2018年3月，中美贸易战爆发，大家都清楚，贸易战的本质是科技战、人才战、教育战。为了中华民族伟大复兴，我们提出了“教育，为学生有意义人生奠基”

的办学使命，旗帜鲜明地提出：教育，拒绝培养精致的利己主义者。我们仓中教育为培养“大德大爱大情怀”的仓中追梦人而努力。同时，我们也进一步淬炼了学校核心价值观：挚爱、成长、坚韧、担当。

仓中发展的历史证明，只有老师们对区域发展、时代变革有了更清晰的认识与判断，学校理念体系的淬炼才能被认可、被理解，教师教书育人的使命感才能被激发。它促进了学校管理价值领导、教学管理与行政领导的深度融合，促使管理者规划学校发展，营造先进育人文化，领导课程教学改革，引领教师生命成长，也进一步优化内部管理，调试外部关系。

苏霍姆林斯基说：“真正的学校，就是儿童集体丰富多彩的精神生活，而教育者和被教育者在其中被许许多多志趣和爱好结合在一起。”这种“志趣”和“爱好”的核心，我们何尝不可以理解为，在学校先进文化引领下的师生对生命价值的追寻！

2019年12月1日

新加坡的教育观、教学观和学习观

新加坡是新加坡共和国的简称，旧称新嘉坡、星洲或星岛，别称狮城，是东南亚的一个岛国。新加坡北隔柔佛海峡与马来西亚为邻，南隔新加坡海峡与印度尼西亚相望，毗邻马六甲海峡南口，国土总面积仅719.9平方公里，相当于5个千岛湖的大小。2017年全国总人口561万。

然而，正是这样一个原本应该在夹缝中求生的袖珍小国，却自1965年独立之后，通过短短几十年的奋斗，一跃成了“亚洲四小龙”之一。据权威机构的统计数据，2018年新加坡成了继伦敦、纽约、香港之后的第四大国际金融中心，2019年荣登“全球城市经济竞争力榜单”第三位，同时高居“全球可持续竞争力榜单”第一位……一系列亮眼的成就让新加坡成为全球最受瞩目的发达国家之一。

究竟是什么成就了今天的新加坡？走进这个国家，与每一个有识之士交谈，他们说得最多的一句话便是：“我们新加坡是一个小国，自然资源极度匮乏，我们唯一能够利用的资源就是人。在我们国家，人便是最为宝贵的资源，我们希望每个人都能成才，成为国家建设的栋梁之材。”“以人为本”的观念已经深入新加坡人的骨髓。那么，让一个“自然人”成长为“栋梁之材”的栽培术是什么？毫无疑问，就是“教育”。做大做强教育才能成就国家的未来。我想围绕“教育”这个主题谈谈新加坡的教育观、教学观和学习观。

一、教育观：追求卓越的“全人教育”

在新加坡人的观念里，每个人都是独一无二的存在，都有自己的个性特征和兴趣爱好，成长就要符合孩子的特质。学校教育就应该为每个孩子提供合适的成长环境和合适的课程设置。因此，新加坡的中小学除了设置语、数、英、科等传统意义上的以“坐班”方式进行授课的课程之外，还专门开设了课程辅助活动，内容包罗万象，主要指向学生的特长培养、个性发展、能力训练和价值观养成。

小学里，一年要开展30～40次的课程辅助活动。为了保证活动时间，确保活动效果，学生一般都是上午“坐班”上课，下午则是课程辅助活动时间。中学里，一般每周活动2次，时间从下午3点到6点半，每周基本能确保7个小时左右的课程辅助活动时间。

新加坡的课程辅助活动并不会因为“辅助”两字而停留在形式层面，作为课程，它是真的落到了实处。首先，学校确保每项活动都有专门的场地。其次，为每项活动聘请专业的指导教师，一般都是外聘的专业教练。再次，进行严格的选拔制度。新加入的学生，必须接受测试以确定专业分组；一旦加入则要坚持到底，无特殊情况，中途不得更换项目。最后，为每项课程辅助活动制定一整套评价机制，以考核学生的最终成绩。

在新加坡如果想申请名校，课程辅助活动的成绩是至关重要的，有时甚至起着决定性作用。某位学生如果课程辅助专业成绩特别优秀，又或者在课程辅助活动中担任组长，具有较强领导力，就很容易受到名校的青睐，从而顺利进入理想的院校。

正是因为新加坡政府不懈推广卓越的“全人教育”，所以当地的家长培养孩子的方式与中国家庭相比是有较大区别的。在新加坡，孩子很小时就会被家长送到特长训练班，以练就一技之长。特别是在小学毕业分流之后，被贴上“差生”标签的孩子，更是会在课程辅助活动中投入较多的精力，希望通过“一技之长”为自己谋得更好的发展机会。在我国，孩子们亦在很小时就被送到各种辅导班，但是基本以课业辅导为主，每个家长都期望自己的孩子能在学业上出人头地。总体而言，在中国家长心目中，学业是最重要的，所谓靠“一技之长”去谋求机会，是迫不得已的选择。

对比两个国家不同的育人观，应该说是各有利弊。先说新加坡的“全人教育”观。因为社会普遍认为体艺技能和学科成绩同等重要，所以年轻一代，特别是小学毕业分流后进不了快班的学生，其实不会有太大的学业压力，可以很自由地选择自己喜欢的学习方向，脸上也会洋溢着快乐、自信、阳光的神采。再来看中国的教育观。家长普遍认为文化课的学习是最重要的，考上好的综合性大学才是正道。因此，无视孩子智力、个性、特长、爱好等差异，一律先往“文化课”方向培养，等到中考分流之后，家长才会正视孩子的差异。

按照以上的对比分析，估计很多人会倾向于新加坡的“全人教育”观，但是我对此并不完全认同。首先是要思考孩子“自我认知”的时间问题。新加坡是小学毕业会考之后就分流的，按照会考成绩把学生分成三六九等，将其送入不同层次的学校学习。会考如果没有发挥好的学生，就会过早地被贴上“差生”的标签。事实上，这个时候的“差生”未必是真正的差生。因为年纪小，孩子的“自我认知”能力还不足，等到他们觉醒之后，其学习潜力是无限的，变数自然也很大。但是从小被贴上“差生”的标签后，他们便没有了自信，永远认识不到自己的潜力，这样的打击可能就是致命的。其次是要思考“文化科学”与“体艺技能”是否真的对等这个问题。对个体而言，这是成名、成才的两条途径，看不出有什么区别；但是放到历史的长河中，对推动人类文明的进程来说，两者绝对是不对等的。人类文明进程中，如果少了贝多芬、毕加索、欧文斯、帕瓦罗蒂，虽然会失色很多，但是一定阻挡不了历史的进程；但是如果少了爱迪生、爱因斯坦、牛顿、瓦特、居里夫人，显然不是失色不失色的问题，而是阻碍人类文明进程的问题。因此，我们国家以“学科成绩”为主的选拔人才方式以及中考之后才进行的学生分流，我认为是符合我国情况的。

二、教学观：任务驱动下的项目制学习

新加坡早年是英国的殖民地，现在虽然以华人为主，但是深受欧美教育的影响。对新加坡课堂教学方式影响最大的人物大概就是杜威了。杜威是美国

著名哲学家、教育家、心理学家、实用主义的集大成者，也是机能主义心理学和现代教育学的创始人之一，被誉为20世纪最伟大的教育改革家之一。他在教育改革中的最大成就是提出了在“做中学”的观点。杜威认为，一切好的教育都是让学生亲身参与，努力唤起儿童的思维。正是在这种观念的指引下，20世纪90年代，时任新加坡总理吴作栋提出了“少教多学”的教育主张。

经过几十年的探索，新加坡的课堂逐渐形成了用“项目制学习”来践行“少教多学理念”的经验。举个具体的例子，要学习秦朝这一段历史，如何少教多学，让学生充分参与呢？新加坡的教师通常会把这部分内容压缩成一个“学习项目”，项目的主题是“讨论秦始皇是一个好皇帝还是一个坏皇帝”，然后以此问题为抓手来驱动学生，让孩子们自己去寻找史料，提出观点，摆出论据，论证说理。在前期充分准备的基础上，孩子们在课堂上就能做到有的放矢。有学生认为：“秦始皇的残酷无道达到离奇之境界，如何可以不受谴责？”有学生提出反对意见：“秦始皇统一中国的工作，又何能不令人仰慕？”还有学生认为：“始皇为人，天性刚愎自用，起诸侯，并天下，意得欲从，以为自古莫及己”，进而认定他不是一个好人。有学生马上提出反对意见，“秦皇帝任战胜之威，蚕食天下，并吞战国，海内为一，功齐三代”，据此认定他是一个好皇帝……这样的争论使得课堂形成了丰富的生态资源，从“秦始皇是不是一个好皇帝”这么一个小的争论点出发，内容涵盖了秦朝的历史、文化、政治、经济、制度等方方面面，任务驱动下的“项目制学习”最大限度地激发了学生的学习热情，充分体现了学生的学习积极性和主动性。

通过以上的例子，我们清楚地知道了新加坡常规课堂教学的方式。那么，我们国家的课堂教学方式又是怎么样的呢？仍然以上面的课题为例，通常情况下，教师不会把学习内容设置成一个项目，因此也就没有了任务驱动的观念。课堂上，教师会把秦朝的政治、经济、文化等方面的知识要点呈现给学生，然后围绕“你如何评价秦始皇这个历史人物”这一问题，让学生谈谈自己的观点。学生自然会根据刚才学到的内容和教师提供的素材表达自己的想法，最后教师把学生的观点进行综述。

其实，我们国家的课堂教学方式与新加坡是有较大区别的。实事求是地讲，新加坡目前实施的“任务驱动下的项目制学习”的课堂形态远比我们国家普遍使用“教师讲授，学生接受”的教学方式先进得多。正是在这一种课堂观念指导下，新加坡的教育地位和成就也在世界上得到公认，在历届PISA测试中都毫无悬念地名列前茅。既然这样，为什么我们不照搬过来使用呢？原因主要与现阶段的国情有关：首先，我们国家人口众多，教育资源相对贫乏，目前只能以大班授课制为主。大班背景下，学习成果分享和观点争论是很难照顾到每个学生的，长此以往，教学效果未必会好。其次，我们国家地域辽阔，教育资源的分配还很不均衡，广大的中西部地区无论是硬件条件还是师资水平都不足以支撑“项目制学习方式”。最后，我们也要清醒地认识到，传统的课堂教学方式也不是一无是处，至少具有“轻负”和“高效”的功能。所谓轻负，是指我们的教师很少有课前布置学习任务的习惯，如果教师每门课或每节课都采用“项目制学习”的话，那么学生就需要大量的时间去搜集资料和整理资料，这会极大地增加学生的课业负担。所谓高效，是指我们的学习任务一般都是在40分钟内完成的，不像新加坡那样“前展后延”，需要很长的一个阶段才能完成。

知己知彼，我们才能理性地去看待课堂教学方式改革这件事，既不能妄自菲薄更不能狂妄自大。依据自己的国情、校情和学情，取长补短，相互借鉴，创造适合的学习方式才是正确的做法。

三、学习观：倡导终身学习的价值观

在新加坡，有两句话是非常值得我们深思的。第一句是“活到老做到老”，第二句是“活到老学到老”。第一句话的呈现方式是显而易见的，在新加坡的任何一个工作岗位上，我们随时可以看到花甲之年、古稀之年甚至耄耋之年的老人在兢兢业业地工作着。政府官员曾经公开说过这样一句话：“新加坡政府不养懒人。”因此，新加坡公民无论年纪大小都会走出家门，在适合自己的岗位上做力所能及的工作。看惯了我们国家退休之后能够颐养天年的老人们的幸福生活，我对“活到老做到老”的观念是持保留态度的。但是关于新加坡提倡的“活到老学到老”的学习观，我一定是举双手赞成的，这是我们国家应该从政府层面积极提倡并实施的强国政策。

新加坡提倡的“终身学习”的价值观是如何形成并实施的呢？在他们看来，一个人在学校接受教育的时间段一般是6～25岁。但是生活在21世纪这样一个信息爆炸、知识飞速更新换代的时代，学校的普通教育根本没有办法教给他们25岁之后所需要的知识和技能。因此，教育制度必须不断自我更新和演变，必须建立起终身学习的制度，必须提倡终身学习的观念。

当然，终身学习从理念落到实践是一项非常复杂的系统工程，需要国家、企业、教育机构、社会团体、公民个人等多方的共同努力。目前，新加坡的终身学习体系由学校教育、延续教育、在职培训和民众联络所组织的各种文化教育培训活动等组成。具体来说，第一是大学、理工学院、工艺教育学院开设的各类短期培训课程；第二是工商企业办的各种职前或职后的培训课程；第三是新加坡的社会基层组织、民众联络所举办的各种文化教育培训活动。据统计，新加坡全国每年有关成人教育的课程达到2000多个门类。也就是说，只要你想学，就一定能够从科目表中找到对口的课程。为了鼓励新加坡的成人走进课堂，国家提出了“技能创前程”计划（skills future），政府每年提供人均500元新币（相当于2000多元人民币）的技能提升培训补助。这样就从国家层面保证了任何一个新加坡公民终身享有“再教育”的权利，说得再直白一点就是，只要你想学，国家就能为你提供你需要的课程和必要的资金。有了政策的保证，新加坡人的学习热情是高涨的。据南洋理工大学的教授介绍，白天的新加坡各大院校里的人是忙碌的，但是夜晚的新加坡各大院校里的人更加忙碌。结束一天工作的成年人都会纷纷“回炉”，忙着学习，忙着给自己充电，学校图书馆经常彻夜灯火通明。新加坡终身学习的观念已经深入人心，新加坡的国民素质也在终身学习的政策推广下逐年提高。

回头再来看看我们国家关于“公民学习”的基本观念。我们自然也提倡要“终身学习”，并且在相关的行业已经执行得非常到位。比如说，教师这个职业，每5年360学分的继续教育培训制度就是最好的体现。国家承担教师继续教育培训的所有费用，因为人口基数大，这笔培训费是相当惊人的。有了政策和资金的保障，我们国家教师队伍的整体素质在逐年提升，相应的，教育教学质量也在稳步上升，最近几届的PISA测试成绩就是很有说服力的证据。但是与新加坡相比，我们至少在以下两个方面还需要不懈努力：第一，营造氛围，强化观念。实事求是地讲，虽然“终身学习”的口号已经提出，但是氛围还不够浓厚。莫说普通百姓，即使是教师，如果不是参加统一的培训又有多少人会自觉走进课堂，给自己充电呢？因此，营造浓厚的氛围，强化终身学习的观念是首要任务。第二，保障经费，落实政策。从观念到行动，经费的保障是起决定性作用的。目前，公务员和事业编制人员参加继续教育的培训费用都是财政全额拨款的，因此政策也能够落实到位。但是这部分人员毕竟代表不了整体，广大的企业职工和个体工作者呢？他们有终身学习的观念吗？国家有出台这样的政策吗？他们的学习经费从何而来呢？一系列问题都影响着我们国家“终身学习”价值观的形成。在这条路上，我们任重而道远。

新加坡的学习之旅已经结束，两国在历史、地理、文化、政治、经济等方面的差异是客观存在的。我们对于在新加坡所看到的、听到的，都要做客观地分析和审慎地思辨，不能全盘接受，也不可全然否定，既要看到别人的优点，更要树立我们的自信，取其精华为我所用才是正道！学习着，思考着，收获着！

2019年1月20日

由新加坡国民的国家认同感想到的

新加坡高等教育机构副署长富强博士给我们带来了讲座——“新加坡中学后工艺教育的人才培养目标与学校管理策略”。此类人才培养彰显了新加坡教育制度设计的科学性，将中学后工艺教育的人才培养纳入国家劳动型技术型人才培养体系，使学生自我成长需求与社会用人需求高度契合。

与往常一样，课间我们与富强老师有一番较为深入的交流，在谈到新加坡独立以后50多年的卓越成绩与中国改革开放40余年的巨大发展时，富强博士情不自禁地说：“我们新加坡政府是一个心中装满了老百姓的好政府，国家经济快速发展是为了提高老百姓的生活品质。因此，国家层面无论是制度设计的初衷，还是人才培养的出发点，体现了国家利益与公民个人利益的和谐统一，体现了国家发展百姓为先的核心思想。”

走进新加坡，无论来给我们讲课的新加坡专家、教授，抑或是新加坡街头偶遇的普通老百姓，他们普遍流露出对自我身份的认同感、对国家的归属感，普遍充满着对自己国家的自豪与希望，给了我们较强烈的冲击，更引起了我们全体学员的好奇。

什么是国家认同呢？美国政治学家白鲁恂对国家认同所下的经典定义是，**国家认同是处于国家决策范围内的人们的态度取向**。新加坡国立大学东亚研究所所长郑永年先生则认为，**国家认同，就是民族国家认同，即人们对建立在自**

己民族基础上的国家的认同。中国学者郑富兴则将国家认同定义为**个人承认和接受自己的民族文化后产生的归属感**。目前人们普遍接受的是一个政治概念，指的是**一个国家的国民对自己已归属的那个国家认知以及对这个国家的构成，如政治、文化、族群等要素的评价和情感，是族群认同和文化认同的升华**。它包括政治认同、文化认同、族群认同、宗教认同、历史认同等。综上所述，我以为，**国家认同的核心在于文化认同**。

新加坡是一个岛国，资源匮乏，人口少，独立也不久，我们常常打趣说，新加坡的教授在讲座中要论证某一观点时，他们能引用的基本是哪位总理、副总理，哪位教育部部长说过什么，不能像我们有悠悠5000年历史的中国那样有丰厚浩瀚的历史典籍、古代文化可以随意撷取。然而，这个国家国民强烈的国家认同与归属感，又是源自何处呢?

我不是社会学家，在新加坡也仅短暂停留三个月而已，绝对不敢妄加评判。但是在与高等学府的专家、教授、大型公司的上层高管交流中，还是能清晰地捕捉到他们的国家认同感源自国家富裕且让老百姓过上了富足的生活，尤其是常常走出国门的新加坡人在“异国他人”面前的那份自信；政府积极营造公平、公正的社会风尚及其背后的制度设计，比如，普通老百姓能从新加坡的教育制度中感受到国家对每一个孩子竭尽所能不放弃，以及每一个孩子不论出身、种族，只要努力奋发，都有机会可以读最好的大学；廉洁高效的新加坡政府让老百姓对政府带领国家走向更繁荣昌盛，以及让老百姓过上更好的生活充满了希望。

新加坡的老百姓在这里生活，**体面、公平，且充满了希望**。我想，这是新加坡老百姓强烈国家认同感的主要原因。其背后是一个**廉洁、高效、心系百姓**的政府，并已经逐渐形成了**“重视价值观引领、强调国民社会责任感、务实严谨、融入世界牵手未来”**的政治文化，而归根溯源，我以为还在于新加坡教育的成功。

由此，我想到了我们伟大的祖国，想到了我们伟大的中国共产党。

自1840年鸦片战争开始，中国逐渐沦为半殖民地半封建社会。为了改变中华民族悲惨屈辱的命运，中国人民和无数仁人志士进行了千辛万苦的探索和不屈不挠的斗争。可林则徐、龚自珍的忧国忧民、无限憧憬只是一场空梦:戊戌变法犹如昙花一现，最后，“六君子”只落得“引颈受戮”的下场；孙中山领导的辛亥革命成绩显著，但仅仅三个月，便被袁世凯窃取了革命果实……多灾多难的中国仍然处在黑暗中，中国人民仍陷身于水深火热之中。

1921 年7月，中国人民的革命事业于混沌之中闪现了一道光明——中国共产党诞生了。从 1921 年至 1949 年，中国共产党凭借“为有牺牲多壮志，敢教日月换新天”的豪情与壮志，用实际行动完成了救国大业，新中国诞生了，中国人民从此站起来了。

在那个激情燃烧的岁月里，全党保持了良好精神状态，全社会形成了良好的社会风气，进而转化为推进社会主义革命和建设的强大力量。大庆工人王进喜同志喊出了“石油工人一声吼，地球也要抖三抖”，铁人精神给全国人民带来了难忘的印象、记忆和感动，激励和鼓舞全国人民不畏艰难、勇往直前。河南林县人民用简陋的工具，劈开太行山的重峦叠嶂，引漳河水入林县，建成“人造天河”红旗渠的事迹，就是当时全国人民奋发图强的一个缩影。

1978 年，党的十一届三中全会的召开，开启了改革开放和社会主义现代化建设新时期，更开启了中国经济发展的快车道。40多年来，我国经济高速增长，国内生产总值先后超过法国、英国、德国，2010年超过日本，成为世界第二大经济体。傲人的成绩述说着中国共产党带领中国人民实现了中华民族从站起来到富起来的伟大飞跃。

党的十八大以来，党中央团结带领全党全国各族人民，举旗定向，谋篇布局：2035 年基本实现社会主义现代化；21世纪中叶，实现中华民族伟大复兴的中国梦。此时，作为一名中国人，我是多么骄傲。而此刻，我还想着重分享这件让全世界都为之惊叹的事——中国共产党领导全国人民成功脱贫的故事。

2012年年底，习近平总书记走进了全国重点贫困县——河北省阜平县。地处太行山腹地的阜平县是全山区县，由于耕地面积少、基础设施差、交通不便，常年戴着全国重点贫困县的帽子。总书记在深入阜平农村地区看望慰问困难群众时指出，全面建成小康社会，最艰巨最繁重的任务在农村特别是在贫困地区。

阜平的脱贫攻坚随即展开，从那时起，如何谋发展成了全县的头等大事。也是从那一年开始，脱贫攻坚成了我们伟大的中国共产党的头等大事，全中国开始全面进入脱贫攻坚战役，从中也涌现出了许多舍己忘我的优秀共产党员。因为这是中国共产党人的初心，是我们伟大的中国共产党领导的中央人民政府的使命。

而走上富裕，我们还要实现“振兴中华”的中国梦，这不是屈辱下的崛起，而是和平的昂扬！少年强则国强!只要我们的每位青年学生用自己的努力成就人生的价值，就可以书写华彩绚丽的中国梦。

就心怀天下、兼济苍生、共克时艰、缔造幸福，让每一个中国人都能拥有美好生活的愿望以及能力，我们中国共产党领导下的中国政府丝毫不弱于新加坡政府。因为，我们祖国足够大，我们的百姓足够多，我们的任务更显艰巨。而今天这一切，足以说明我们这个国家、我们这个民族，我们的中国共产党，更是有着无比坚定的信心，也彰显出我们社会主义制度的无比优越。

2019年12月28日

课程与教学篇

学校育人，课程为本，课堂是主阵地。在新加坡的课程设置中，“全人教育”理念闪耀其中，且在教育教学活动中不遗余力地落地着。如，贯穿小学到高中的课程辅助活动，让新加坡孩子们的个性成长成为现实。

课堂教学是对教育本质的追寻，例如体育课上对孩子价值观进行培育，既着意于培养新加坡人的国家意志，也体现了教育为国家的可持续发展而做出的努力。

为谁培养人？怎样培养人？培养怎么样的人？新加坡的课程设置与课堂教学，可以给我们一些启迪。

“全人教育”理念与课程辅助活动

崔东红博士结合自己子女的成长经历和对新加坡教育理念的理解，与我们分享了“新时代人才的培养路径”。讲座案例翔实，讲述生动，使我们对新加坡人才培养路径有了更为全面而深刻的认识。

崔博士先和我们一起回顾了新加坡在不同历史阶段对不同人才的需求，最后落点在了“价值导向”的“全人教育”，即提倡学生的个性与全面发展。为了从“能力导向”转往“价值导向”，教育部设立品格与公民教育组，全面规划学生的品格教育课程；修正“卓越学校模式”，“奖励计划总蓝图”，回归以学生为本，发展“全人教育”的目标。教育部还重新定义“好学校”，引导每一所学校照顾不同学生的不同需求，每一个教育阶段都要创造一个有利于学生全面发展的环境，为学生提供时间、空间和机会来发挥所长，塑造品德并培养对终身学习的热爱。

可以肯定的是，新加坡落实“全人教育”理念，从理念的渗透到制度的设计，从上到下一以贯之，也许这就是一个小国施政的优越性所在。

崔东红博士，同时是新加坡一家生物科技公司（跨国公司）的副总，她用自己公司用人的案例，从公司生存发展、跨国合作等角度阐述需要什么样的人才，反观教育应该培养与社会发展相适应、相融合、相共进的新型人才，进而诠释新加坡的“全人教育”以及培养途径，着实让我们感慨不已。

关于什么是人才，崔博士分享了这样的案例。

我的公司曾经聘用了两名国际知名大学毕业生，一名从事数据分析，一名是翻译。有一次，我们和中国公司谈一个项目，给了那位新来的数据分析员20多个英文方案，要他给我整合出一份文案，并明确要求是中文版。结果这个男孩子做了一份仅有3张PPT的文案，而且是全英文。更糟糕的是，他擅自做主，把原方案里的20多家公司删选到仅剩8家。拿到他的方案后，我问他：你认为做这份文案你应该发挥什么样的优势？原方案中20多家公司，你以怎样的依据删选到最后只剩8家公司？你的依据合理吗？

她说："从这个数据分析员的学历背景来看，他固然有很高的智商，但在实际工作中，他却不能理解公司的意图。这恰恰表现的是处处以自我为中心，过分追求表现自己的能力。像他这样又怎能在这种国际公司中谋求发展呢？"

此外，做翻译的女孩在工作中也发生了让人啼笑皆非的事，常常让人深深叹息。

有一次，我们去和英国一家公司谈项目。在洽谈的现场，作为翻译的她，不是一句一句地翻译，而是将对方的三句话给你翻译成长长一段话。至于对方提出的问题，她还会直接替老总作答。会谈现场，我们老总将满含愤懑的眼神投向我，令我无比尴尬。

怎么会出现这么糟糕的场景？通过在日常工作的仔细观察，我终于找到了答案。原来在日常工作中，这位翻译如果得不到别人关注的目光，就无法安安静静地工作。也许这就是从小太过优越的她，习惯成为别人眼中的中心，以至于今天，虽然她的身份已经发生了变化，而她的心理角色还停留在从前那个一切以她为中心的自己。

两位国际知名大学毕业的高才生，也称得上是国际一流人才了，但到我们公司却陷入工作无法正确进行的窘状。我想，这两个人的入职经历，对于我们培养什么样的人才，多少会有一些启发吧？

很显然，在公司为了完成一个共同的项目（或任务），只有让每个拥有不同才能（技能）的人精诚合作，才是一家公司立于不败之地的最佳策略。任何一个时代，人无完人，但人各有所能，面对当代社会，我们更需要对接社会需要来培养人才。社会需要不一样的人才，每一个能贡献自己价值并能融入团队的人，才是未来社会最需要的人才。这就是崔博士的用人故事给我们如何定义“人才”的最鲜活启示。

于是，我们很自然地联想到了新加坡的“全人教育”，价值观引领，注重公民品格教育，发展个性，全面发展。崔博士指出，新加坡“全人教育”，正是从未来社会最需要的多样性人才切入，关注并培养读书以外的五大基本素质：道德品质；与人相处，团结协作；终身学习，与时俱进；掌握规划、执行、解决问题等能力；敢于面对挫折，有创新能力。

为了培养学生读书以外的素质与能力，崔博士娓娓道来新加坡的具体做法：国家系统设计，关注人的特长。比如，小学毕业考，用等级制替代考试分数，以弱化成绩对人自尊的影响，助力学生成为自己。主要培养路径是课程辅助活动，让学生在活动中成长。不同的人才在课程辅助活动中衔接起来，能让学生在活动中融入团队。

新加坡课程辅助活动是学校课程的重要组成部分，由教育部统一制定、实施与评估，分别是体育活动、表演艺术团体、制服团体协会。体育活动旨在锻炼学生的健康活力、公平竞争意识和团队精神；表演艺术活动培养学生的优雅品位及对多元种族文化的欣赏能力；制服团体活动则是侧重训练学生的自立、自强、自律、适应力和服务精神。为进一步培养学生各方面品质意志，新加坡还十分重视校外拓展训练，以期培养学生的吃苦耐劳、团结合作、增强意志、强健体魄、增长智慧、求生体验等。

新加坡的课程辅助活动是学生的必修课。每一位中学生必须参加一项核心课程辅助活动，核心课程辅助活动每周约6～7小时。此外，还可以参加“加点”辅助课程活动，每周约2～3小时。学生若要选择参加“加点”课程辅助活动，其核心课程辅助活动必须有最少75%的出席率。在新加坡，参加课程辅助活动很严肃，学生选择了某一项目，一般4年内不能随意更改。因此，新加坡的每一所中学，每周有两个下午的全校性课程辅助活动时间，而且会纳入课表，雷打不动。有特长的学生一般会选择体育类或艺术类，没体艺特长的学生则会兴致勃勃地参加“制服团体”，因为它不仅满足了孩子们爱玩的天性，而且有在全校性的展示活动中露脸的激励机制。

崔博士与我们分享了她儿子高考那年参加的“黄城夜韵”活动。“黄城夜韵”是新加坡华侨中学的一项戏剧类课程辅助活动，1981年首次公演，每年由学生组织，以三部剧情独立的短剧组成，深度挖掘并充分展现当今人们面对的种种社会问题，通过不同的艺术手法诠释人性与情感，以小见大，继而引发观众的思考与共鸣。每次演出的筹备历时3个月，倾注百余名黄城人的梦想与汗水。

崔博士的儿子最初竞选了该活动的总务，因工作出色得到同学的认可，后竞聘总监成功。临高考前的4个月，孩子因投入了大量的时间排练“黄城夜韵”活动，以致学习成绩从A等降到了D等。作为妈妈的崔博士很着急，到学校找班主任。班主任说：“你儿子不是在参加‘黄城夜韵’筹备演出吗，成绩下来不是很正常吗。等演出结束了，自然会上去的。”此时，崔博士才放下心来。结果儿子自然是演出成功，且高考成绩又十分优秀。从崔博士儿子的经历中，我们充分感受到课程辅助活动与学习成绩之间的平衡关系，被老师、家长、学生普遍认可。

当然，我们真的很震撼于这样规模大、影响广泛的活动，居然全部由学生策划、组织并成功演出。100多人中有导演、策划、票务、舞台监督、化妆、演员、灯光、宣传、后勤保障、安全保卫等。各类分工10多项，每一项都由多人组合的小团队倾力协作。演出那天，很多已经毕业的校友都返回学校观看，盛况空前。

崔博士说，新加坡学校的孩子有两个团体：一个是班集体，另一个是辅助活动团体。而后者往往更具凝聚力，因为他们志同道合，因为他们曾经为了共同的梦想一起努力、一起奋斗，这是他们一生难以忘记的“战友情”。当然，作为一名教育工作者，我们更看到了学生在这个过程中的体验，这是成长的体验！

课程辅助活动在新加坡之所以能持续推进下来，评价也是很重要的环节。

首先，评价指标价值导向清晰。它的四个领域各有1 ～ 5个不同等级的完成水平为评价指标，分别是参与、完成、领导力、服务，指向学生的全面发展，是对学生全人发展的认可。

其次，评价认定特长指向清晰。所有的强化活动的参与将会登记在学生的毕业证书上，以彰显学生的个性特长，激发学生朝着更全面、更平衡的方向发展，有助于学生在价值观、技术及生活技能方面的学习。

最后，评价结果升学目标清晰。新加坡课程辅助活动的评价结果会纳入学生升学成绩。用崔博士的话，学习成绩只要合格，且有辅助课程的成绩，每个人都可以上大学。当然，学业成绩比较普通的孩子，也会因出色的课程辅助活动成绩而被新加坡重点高中录取，并且高考后也将走进特色发展的优质大学。

当然，在新加坡，课程辅助活动的价值，还体现在学生入职时及入职以后。作为一名跨国公司的副总，崔博士坦言，在招员工时，他们会特别注重求职者在学生时代课程辅助活动中是否担任过负责人或领袖。因为那样的孩子的价值观正，其理性思考力、与人沟通技能、处理问题的能力等都会高于同龄人。

新加坡的课程辅助活动之所以能成功推行，我以为，这与政府对课程的目的意义有正确的认识以及系统设计制度保障有关；与活动的设计贴近孩子的心理及生理特点，符合孩子爱玩的天性，激发了孩子的潜能有关；与评价与升学制度挂钩有关，更与孩子未来职业的选择有关。

这也很好地回答了我这些天来的疑惑：如何正确处理学术课程与课程辅助活动之间的平衡关系。这更让我相信新加坡的“全人教育”理念，因为课程辅助活动真实地在落地。

2019年11月25日

校园戏剧课程的思考

一、校园戏剧课程的起源及其发展沿革

戏剧课程，是将戏剧方法与戏剧元素应用在教学或社会文化活动中，让学习对象在戏剧实践中达到学习目标和目的的课程。该课程重点在于学员在参与过程中领略知识的意蕴，从相互交流中发现可能性，创造新意义。在欧美国家，戏剧课程教学是一种非常重要的培养学生全面素养和能力的教学方法，甚至被认为是最好的一种教学手段。

据悉，将戏剧融入教学起源于法国思想家卢梭（1712—1778），他的两个教育理念可以佐证，即“在实践中学习”和“在戏剧实践中学习”。后来美国教育思想家杜威（1859—1952）实践学习理论的“渐进式教学”和赫兹·麦恩斯的创造力教学理论等，在欧美国家都产生了深远的影响。

1930年，美国戏剧教育家温尼弗瑞德·瓦尔德根据自己的实践编写出版了《创作性戏剧技术》一书，他提出了“创作性戏剧教学法”。在英国，教师芬蕾·琼森的戏剧化教学，以及教育家卡德威尔·库克首先具体地运用戏剧方法于艺术课程教学中。因此，戏剧性质的教学方法开始在欧美国家发展起来。第二次世界大战之后，为了推动教育发展，许多戏剧专长的教育家开始在校园推广戏剧教学的方法，如DIE（drama in education）、TIE（theater in education）、

CD（creative drama），创作性戏剧教学方法在欧美迅速发展。

1990年，我就读于杭州师范大学人文学院（时称杭州师范学院汉语言文学系），该系青年教师黄岳杰在1987年就将“校园戏剧”引入杭师大中文系，并带领着风华正茂的大学生们举办着每年一度的轰轰烈烈的校园戏剧节，当年还是学生的我见证并参与了这个活动。黄岳杰老师的校园戏剧从那年开始，直到今天，从未间断。30多年来，杭师大教育戏剧以“流霞剧社”为依托，以“以舞台延续课堂，用戏剧拓宽教育”为宗旨，排练了100多部作品。剧社创始人黄岳杰老师谈及创社初衷时说：“校园戏剧对学生的意义不在戏剧本身，它的真正意义在于锤炼学生的心志，在于对学生学习生活构成良性影响，它是学生四年大学教育的一部分。我们用戏剧开启想象，激发热情，培养能力，获得一种新的生命体悟。”

二、走近新加坡华侨中学华文戏剧课程

我有幸聆听了新加坡华侨中学周老师的“‘乐学善用’学校华文戏剧课程”分享课。事实上早在拿到课表的一个月前，我就对此课程充满了期待。因为大学时代流霞剧社的“戏剧节”、学校简陋的食堂里人头攒动的观演现场依然留驻我的心间——我们班排演、我参演的话剧《雷雨》成了我与杭师大、与黄岳杰老师、与同学们最亲切的回忆和最美丽的青春岁月。还因为自2013年起，仓前实验中学开始了以社团活动形式为主的校园戏剧课程活动，它不仅彰显了仓前实验中学的办学品质，更全面提升了参与学生的素养。这次，有幸了解新加坡华文学校的校园戏剧，我很想借此机会了解下它又有怎样的育人指向可以借鉴。

华文戏剧课程是新加坡华侨中学旗舰课程，全新加坡仅此学校有。华侨中学乃新加坡9所优秀的学校之一，是1979年开办的华文与英文同为第一语文的特别源流学校，华英双语并重，也是新加坡排名前三的名校之一。众所周知，新加坡是英语为第一语言、母语为第二语言的双语政策国家。然华文学校定位为华文与英语同为第一语文的双语并重的特色学校，又是基于什么考虑呢？第一任总理李光耀在总结特选中学的成就时给了我们答案：“由具有悠久

历史和优良校风的传统华校组成的特选中学，肩负着为新加坡培养双语人才以及传承华人传统文化的使命，挑起了为华文教育薪火传承的重任，它们在校长刻苦经营和全校师生努力下，后来都发展成为新加坡的名校。”（《我一生的挑战——新加坡的双语之路》，第102页）

华文学校关于母语教学有明确的三大目标：沟通（communication）、文化（culture）、联系（connection），即培养学生成为善于运用母语的学习者，帮助学生乐于学习并经常使用母语，让他们在各种不同的真实情境中有效沟通，使母语成为生活用语。然而现实是，华文学校大部分学生的华文基础有些糟糕，甚至有学生发出了“我讨厌华文，为什么还要逼我学”这样痛苦的诉求。基于现状、目标导向，根据教育部要求，新加坡所有特选学校在2012年前必须完成各自的发展项目。各校通过精心策划并举办具有中华文化色彩的活动，凸显特选学校各自的特点。其时，华侨中学的中华戏剧课程、德明政府中学的文史华艺鉴赏课程、公教中学的深儒文化、驰骋神州课程、圣公会中学的中国课程等应运而生。

华中戏剧教学让学生借由戏剧活动来探索外在世界，通过肢体动作的模仿熟悉外界事物，就像所有艺术一样，让戏剧帮助学生感触生活世界的意义。戏剧教学活动有教育戏剧、剧场游戏、创作性戏剧三类，该校初中段主要选择“创作性戏剧活动”的表现形式来进行课堂教学。

创作性戏剧活动，是一种即兴的、不以被观赏为目的、重视过程为中心的戏剧教学。也就是说，运用戏剧游戏、肢体活动、默剧、即兴表演等戏剧形式，由一位带领者（老师）引导参与者（学生）以“假装”游戏本能，共同去想象、体验且反省人类的生活经验。华侨中学初中段戏剧课程，不以演艺为目的，而是充分利用其多元教学手段和生动教学内容，提高学生应用华文的能力，增强学生说华语的自信心，让学生“乐学善用”，并开发学生的创意思维，培养学生的个人与社会认知，利用自己的人生体验进行价值判断和行为选择。目前，该校中一、中二学生全员开课，每班一周一次课程，每次一个半小时。课程技能训练分为三大板块。热身运动：活动肢体、口腔体操、戏剧游戏；口语练习：四声练习、气息练习、诗词朗诵；绕口令：平翘舌、前后鼻、唇齿音。课程以戏剧小品为主要呈现方式，取材于校园生活、成语故事以及情景会话。课程评价则由戏剧表演（50%）、口语表达（30%）、学习态度（20%）三部分组成。华侨中学多年的戏剧课程教学，已提炼出七个教学技巧：暖身、教师入戏、即兴创作、戏剧游戏、说故事、雕塑、坐针毡；归纳了创作性戏剧教学的六个阶段：计划—暖身—解说与规范—讨论—演练—评论与总结。初中部成熟的戏剧课程教学激发了学生学习华语的兴趣，培养了学生创意创作能力，提升了学生口语表达、才艺表演、合作沟通等综合素养，为该校高中部戏剧舞台表演（“黄城夜韵”）夯实了基础。

三、中小学戏剧课程开发与实施的可行性分析

不管是基于提高华文水平的初衷来设计的新加坡华文戏剧课程，还是基于锤炼学生的心志、对学生学习生活构成良性影响而推出的杭师大校园戏剧课程，其最终结果，如实施过程的主动性与创造性、实施结果的丰富性与教育性，都远远超出了戏剧课程的本身，这让我们对于校园戏剧课程教学的推广充满了期待。

首先，对校园戏剧课程的教育功能进行全新审视与理解。戏剧来源于生活，又高于生活，是一种综合性艺术表现形式，最初纳入美育教育的重要领域。它首先带给孩子们一种愉悦的艺术体验。在角色扮演时，孩子们既能学习表演的技能，又能借此感受不同的人生际遇，在特定的情景下设身处地地“沉浸”其中，更能潜移默化地教育或影响孩子的成长。如仓前实验中学获杭州市艺术节一等奖的作品《我想和你在一起》，以日常生活的对话为切入点，展现青少年纷繁复杂的内心世界。学生们通过排练、表演，更加直观地感受人性的黑暗与光辉，体验善良与美好相随的价值判断与行为选择带给人的喜悦、幸福，以及向上生长的力量。此外，戏剧游戏、剧本创作、团队协作、情景体验等环节从各方面提升学生能力与综合素养。在面向未来的新时代里，这种指向人的综合能力与素养提升的课程，学校有开发与实施的必要性。

其次，对校园戏剧课程整体架构的系统思考。将校园戏剧课程纳入学校课程体系，从新加坡华侨中学与仓前实验中学及杭州师范大学的实践来看，课程体系有打破年段、整体建构的必要性与可行性。新加坡基于学生华语水平普

遍较低的特点，从初中开始打磨基础；到了高中则给学生提供大型戏剧表演的机会。学生最神往的学校社团是学生凝聚力最强的组织，也是学生高中生活中最美好的回忆。而在我国，“小学—初中—高中”三级课程体系中小学可以借鉴新加坡初中段的经验与做法，并将其作为学校语文课程特色活动，着眼于基本功的训练、戏剧游戏的实践，夯实基础，激发兴趣；初中段可以在老师的指导下进行作品表演，并将其作为纳入班级文化建设的一部分，聚焦学校生活与社会生活，进行小型作品创作与表演；高中段则选择更有内涵的作品改编成舞台表演，以社团形式开展。杭州师范大学黄岳杰老师的“流霞剧社”的成功经验，可以借鉴实行。

最后，对校园戏剧课程开发与师资培养的思考。校园戏剧的开发与实施，关键在于课程开发与师资的培养。有经验、有条件的学校可以先行一步，邀请有经验的老师进学校指导，包括如何将生活素材、学习素材转化为校园戏剧的剧本。周老师在课堂上指导访学学员现场表演就是一个很好的案例。她让我们五人或六人一组，每组抽签选择表演场景，有“机场、公园、全家福、运动会”，然后要求我们根据场景限定自行想象设计，最后以“雕塑”的形式呈现作品。表演结束后，周老师说，这仅是戏剧游戏的一个场景，接下来，故事还将继续，学员们可以继续想象、创编、表演……自然而然就汇成一部戏剧表演。显然，学员们对这种课堂表演形式十分接受并愿意主动参与，乐此不疲。至于师资的培养，我们需要的是将校园戏剧纳入师范大学中文系学生的课程体系，让每一位中文系毕业生具备带学生进行校园戏剧课程实施的基本能力。

2019年12月31日

学习：从浅层建构走向深层建构

——基于“知识建构教学”的基本原则

“知识建构”（Knowledge Building）理论是多伦多大学安大略教育研究院马琳·斯卡达玛丽亚（Marlene Scardamalia）和卡尔·伯雷特（Carl Bereiter）两位教授于20世纪90年代提出的建构主义理论。历经20多年的发展之后，其理论、教学法和技术手段已自成体系。知识建构理论认为：一般的建构主义教学以完成一系列任务和活动为导向，学生对为什么进行这些活动缺乏理解和掌控，属于“浅层”建构主义；而知识建构理论推崇的是“深层”建构，以发展学习社区内的公共知识为目标，学生是积极的认知者，需共同承担认知责任。知识建构理论以观点为中心，不强调任务和活动为中心；坚持以12条知识建构原则为教学设计的基础，反对“基于过程”的教学设计。教师的教学设计过程是建立在对这12条原则融会贯通的基础上的创造性活动。①

一、缘　起

2019年11月26日，新加坡南洋理工大学教育学院张秋丽博士让我们访学学员以学习小组为单位，分别针对其中的一条知识建构原则，谈自己的认识与

① 张义兵、陈伯栋、Marlene Scardamalia、Carl Bereiter：《从浅层建构走向深层建构——知识建构理论的发展及其在中国的应用分析》，《电化教育研究》2012年第9期。

理解。我选择课堂交流的其中四个案例进行分享，以期对“知识建构”理论下的教学有更深刻的认识与更本质的思考。

二、案例分享

案例一

1. 原则：真实的观点，现实的问题

原则解读：①知识建构的出发点：学生理解的他们感兴趣的现实世界中的真实问题。②知识建构的过程：不断地提出自己真实的观点，理解他人观点，批判已有观点，抛弃错误观点和综合建立新的观点，建构和发展社区公共知识。③知识建构关键词：观点被当作有生命的东西，像艺术品一样被反复打磨、批判和组合，以不断提高。

2. 案例分享：高中化学《酚的性质和应用》（浙江省台州中学 程志平）

（1）情境导入，激发兴趣

新安江苯酚污染事件

2011年6月4日晚10时55分左右，杭州市辖区建德境内杭新景高速公路发生苯酚槽罐车泄漏事故，部分苯酚泄漏并随雨水流入新安江，造成部分水体受到污染。杭州、建德两级政府立即启动应急预案，环保、消防、交警、林水等部门第一时间赶赴现场进行处置；杭州市委、市政府紧急动员，多管齐下，及时果断采取有力措施，全力保障杭州市居民用水不受影响。

看了上述事件后，你如果是相关工作人员，你认为当下需要解决哪些问题？

学生讨论，汇成问题清单：①交警皮肤灼伤怎么处理？②岸上泄漏的苯酚如何处理？③泄漏点附近水域苯酚浓度较高，如何回收？④下游低浓度含酚废水如何处理？⑤如何教会市民用简单的方法检验家里的自来水是否遭到了苯酚污染？

（2）任务驱动，探究知识

认识苯酚，走近苯酚（了解苯酚的结构特点，掌握苯酚的性质，了解苯酚

的常见用途；知道苯酚对环境的影响等）

（3）运用知识，解决问题

根据所学知识，讨论解决新安江苯酚事件中需要处理的问题。

3. 案例启示

课堂中，程老师以学习者为中心，凸显学生是知识的主动建构者的教学理念，大胆打破原有程序性教学，以生活中真实的案例启发学生自己提出问题、解决问题，大大激发了学生学习的兴趣与热情。

这是一堂学生推动老师往前走的课。课堂中，学生是主动的学习者、知识的建构者；老师是学生学习的启发者、点拨者。带着问题去思考，为了解决问题去学习，主动学习，主动探究，获得知识，增长能力，这是“真实的观点，现实的问题”知识建构原则给我们的启示。

案例二

1. 原则：多样化的观点

原则解读：①观点多样化在知识建构过程中不可缺少。②要准确理解一个观点，就需要理解与它相关的观点，包括与之对立的观点。③观点多样化为观点演化到新的、更精炼的形式创造了一个丰富的环境。

2. 案例分享：小学数学《解决简单的生活问题》（分享人：嘉兴市平湖新埭中心小学 俞军）

题目：白兔有20只，白兔比黑兔的2倍多4只，请问黑兔有多少只？

课堂学生呈现四个观点：①$20\times2+4$；②$20\div2+4$

③（$20-4$）$\div2$；④设黑兔为x，$2x+4=20$

老师分析：观点①和观点②是错误的，观点③和观点④可以建立相互之间的联系。如何建立？利用“数形结合”的数学思想（见图5）。

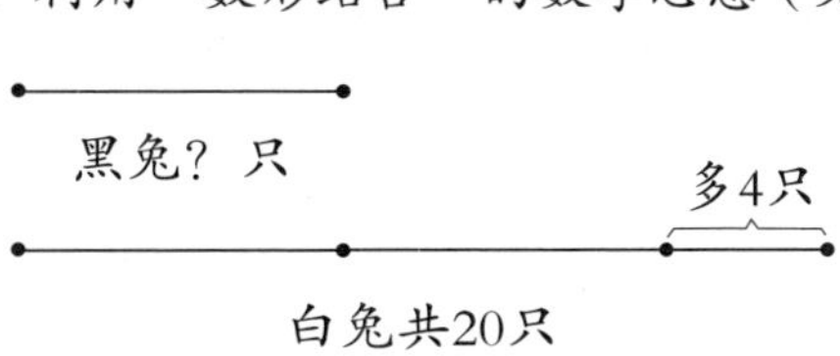

图5 数形结合

本堂课运用的就是“知识建构”教学“多样化的观点”这一原则，在四个观点的冲突中，老师引导学生用画数轴的方式来解决。

当然，得到“黑兔有8只”并不是本堂课的终点。老师在课堂上还进一步引导学生利用“数形结合”思想，明确观点①、观点②是错误的，确定观点③、观点④是正确的，以强化数学“数形结合”思想。同时，老师还引导学生进一步认识到，观点③是算术计算，观点④是方程计算，其本质相同，可以相互转换。

3. 案例启示

课堂中，教师显然不是以“知识获得”为教学唯一目标，恰恰是以知识获得的过程为载体，渗透数学“数形结合”思想，让学生掌握了举一反三的本领。同时，又引导学生透过观点③算术题与观点④方程题的现象，省悟数学的本质。

课堂充分运用“知识建构”教学理论之“多样化的观点”这一原则，以“画数轴”的方式搭建学习的脚手架，使学习者不仅理解了一个观点，还理解了与之相关、相对的观点。学习数学的本质在这堂课上得以彰显，即如何将知识与方法的获得、思想与思维方式的建立渗透融合。如此，学生才会从一道题走向一类题，从一类题走向通往数学神秘宫殿的通关大道。

案例三

1. 原则：观点的概括和升华

原则解读：①创造性的知识建构需要发展出具有统筹性的观点和原则，这就要求学生学会从多样化、复杂和杂乱的观点中概括总结出更高层次的观点。②通过对观点的概括和升华，知识建构者就能够超越琐碎、简单观点的探讨，达到更高层次的知识建构。③教师和学生可以搜集相互关联的观点，放入一个升华短文中加以概括，提出更复杂的观点。

2. 案例分享：小学科学《声音是怎样产生的》（分享人：沈家门第一小学毛华杰）

（1）学生小组活动“制造声音”。（学具准备：小军鼓、橡皮筋、锣、钢尺）

要求：请让这些物体本身发出声音。

小组讨论：物体是怎么发出声音的？

小组观点1：碰撞、敲打、弹拨等方式让物体发出了声音。

（2）老师演示了一个喇叭通电，结果也发出了声音。原来除了同学们想到的，通电也可以让物体发出声音！

小组观点2：其实这些方式都对物体用了“力”，发出了声音。

老师：那你们的意思是作用了“力”就能发声了？行，我现在按压讲桌，有声音吗？我力压得再大些，有声音吗？咦？那你觉得我们刚才的观点对吗？（产生了新的认知矛盾）

（3）我们试着认真观察一下发声的物体，看它们有什么共同的特征，可以试着把观察结果画下来或描述出来。

小组活动并汇报观察结果：在上下、左右的来回不停地“抖动”。

老师：发现得真好，我们科学上的语言叫“振动”！那你们小组能试着证明一下我们都能真实地看到在振动吗？（学生用了摸、看等方式，还用了纸屑、小泡沫的跳动，发声的音叉在水面激起水花等，开心地证明了这些发声的物体真的在振动）

小组观点3：证明了发声的物体都在“振动”。

老师：那你们能不能反证一下，如果不振动了，还有声音吗？（强化通过活动和讨论升华得到的第三概念观点。学生只要阻止了振动，物体就没有声音了）

（4）请小组把今天学习活动后得到的关键词概括一下：给物体（作用力），物体产生（振动），发出了声音。

最后总结：声音是由物体的（振动）产生的。

3. 案例启示

本案例真实而生动地阐述了知识建构“观点的概括与提升”原则。学生从生活实践中反复提出对“声音产生”的理解，通过教师引导，学生从多样化、复杂和杂乱的观点中概括总结出更高层次的观点，达到了更高层次的知识建构。

案例四

1. 原则：知识建构对话

原则解读：①教学对话是知识建构的基本途径。②知识建构的话语不仅是为了分享知识，还是为了提炼和完善知识。③知识论坛支持多种形式的分享和交流。④发现共同感兴趣的问题，达到个人无法企及的高度。

2. 案例分享：初中数学《确定点的位置》（分享人：杭州市富阳区富春三小吕立峰）

题目：作图题——如何在空间里确定一个点的位置。

课堂上，学生呈现四个观点。

观点1：利用数轴确定一个点3的位置，如图6：

观点2：利用坐标系确定一个点（x，y）的位置，如图7：

观点3：利用三维空间确定一个点（x，y，z）的位置，如图8：

观点4：利用距离、方向、角度来确定点的位置，如图9：

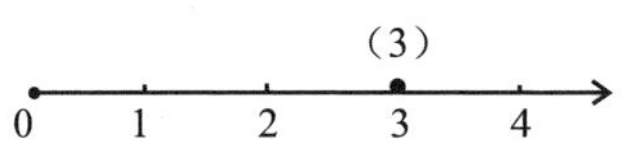

图6

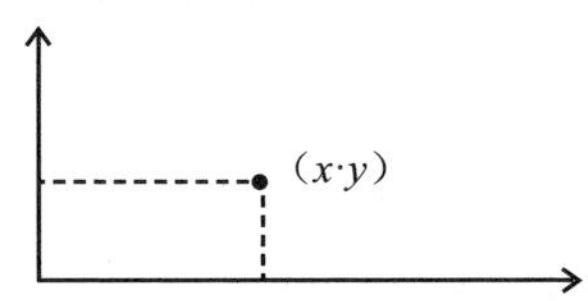

图7

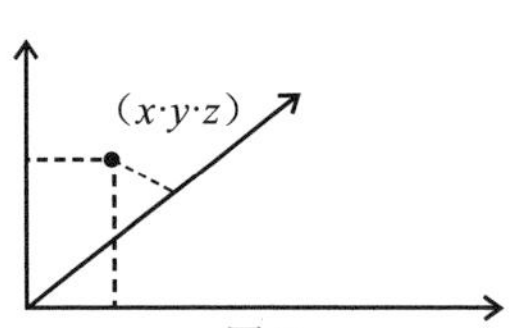

图8

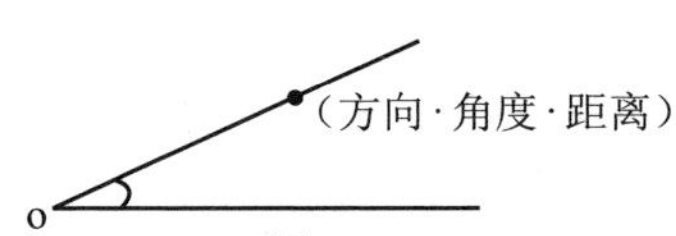

图9

课堂中，学生呈现了四个观点，分别是从不同维度来确定点的位置。但如果我们仅停留于学生观点的对话，那么学生在这堂课中也仅获得了这道题的四种解法。我们在课堂中除了充分重视学生间的对话，还必须充分发挥教师在课堂中的主导作用，即教师是课堂平等中的首席地位要充分发挥，使课堂内涵不断延伸。在此基础上，师生必须进行充分对话，老师要引导学生对上述四个观点进一步分析。

首先，充分运用“分类思想”，让学生明白前三种方法属于一类，共同属于在直角坐标系中确定位置的方法；后一种则属于在极坐标中确定位置的方法。

其次，要让学生知道第一类中的三种方法也是不一样的。方法1属于一维空间中确定点的位置的方法，需要一个参数；方法2属于二维空间中确定点的位置的方法，需要两个参数；方法3属于三位空间中确定点的位置的方法，需要三个参数。

最后，如果把目光放到第三学段的话，还可以进一步让学生明白极坐标中确定位置和在直角坐标系中确定位置的方法是可以相互转换的。

课堂上，如果教师没有基于"首席"立场与学生对话，学生仅获得了四个观点；反之，唯有数学"分类思想"的渗透，才能达成"知识的提炼"和"知识的完善"。

3. 案例启示

看本案例，老师们可能会觉得与案例二很相似，比如老师同样重视让学生充分呈现多样化观点，同样重视引导学生对多样化观点的分享、辨析，并不断修正、建构或丰富、完善。但本案例中，我们更应充分感受教师与学生对话的重要性，师生对话可以助学生在课堂中从数学知识走向数学思维、数学思想，实现课堂深层建构的"知识的提炼"和"知识的完善"，助课堂品质进一步提升。

三、结　语

知识建构教学法思想，源自古希腊哲学家苏格拉底的产婆术思想。其核心观点是"助产"，即启发、引导学生，使学生通过自己的思考得出结论；"归纳"和"定义"，使学生逐步掌握明确的定义和概念。这与我们中国古代最伟大的教育家孔子的"不愤不启，不悱不发"的教育思想亦如出一辙。

当然，知识建构教学发展并丰富了苏格拉底的"产婆术"和孔子的"启发式"教育思想，用12大原则支持知识建构教学法落地，实现了课堂学习从"浅层建构"走向"深层建构"。根据上述四个案例，我们可以初步归纳出"知识建构教学法”课堂特征。

以生为本，通过倡导课堂学生多样化观点，呈现以及重视生生、师生在课堂上进行知识建构对话，让学生自主进行知识建构；以教师为主导，强调知识建构对话，充分发挥师生对话中教师的“首席”地位，从而实现对知识的提炼与总结；启发式学习，观点的概括与提升是学生从多样化、复杂的观点中概括总结的过程，是在教师引导下，超越琐碎、简单观点的探讨；提升能力、发展思维的课堂，在知识建构教学课堂里，我们重视知识的获得，更实现学生能力的提升与思维方法的建构。未来社会瞬息万变，我们培养的人才只有具备一定思想深度、一定思考力、创新力，才能适应未来社会的发展。

以上特征于今天的我们并不新鲜，但此刻依然絮絮道来，只是希望我们的教育能洗尽铅华，返璞归真。研读并实践“学习建构”12大原则，我们会惊喜地发现，“深层建构”的课堂可以如此清晰地落地。

2019年11月27日

追寻“数学问题解决”背后的价值

——听“国际视野下的学生数学理解培养”讲座所感

主讲教师蔡文亮是英国伦敦教育学院博士，现任职于新加坡南洋理工大学教育学院，2009—2013年获南洋理工大学教育学院颁发的“卓越教书奖”荣誉。在任职教育学院前，蔡博士曾经有9年中学数学教师及教学部主任的经历。一线教学实践与博士理论研修的完美结合，让蔡博士对新加坡基础教育之数学教育的理解专业且深邃。尽管作为一名语文专业背景的校长谈数学是如此的不内行，但我还是鼓足勇气写下这篇体会文章。因为我想与广大数学老师分享蔡博士的观点，想让数学老师和蔡博士一起去追寻“数学问题解决”背后深邃的育人价值和社会价值。

课堂上，蔡博士和我们分享了三块内容：新加坡数学框架、数学问题解决框架、中学数学教学趋势和合理。

在第一部分，蔡博士用解答彩带问题，带领我们一起剖析了问题解决需要涉及的数学概念：整数和长度，数值计算（乘法和除法）、近似（向上取整还是向下取整）、单位换算（米换算成厘米）等数学方法，思维能力和推理、要有好的态度以及留意自己的思维，自己能判断答案是否合理和正确等过程。之后很自然地引出了新加坡数学课程大纲（见图10）：以数学问题解决作为学习数学的重点。以一道习题为例，清晰且透彻地既完成了“新加坡数学框架”

的介绍，又引出了讲座的核心内容——围绕“数学问题解决”。

围绕数学问题的解决，蔡博士给我们分享了其解决框架：了解问题—拟定计划—进行计划—反思，再次用“解答彩带问题”进行了形象的阐述，最后总结提炼出“发展数学问题解决能力”必须依靠的五项元素：技能、概念、过程、元认知、态度。蔡博士对这五项还进行了比较详细的解读，我们对数学问题解决框架也有了感性的认识与理性的判断。

图 10　新加坡数学课程大纲框架

当然，这些不是我要分享的重点。在新加坡数学课程大纲框架里，“态度”与“元认知”赫然在列。显然，新加坡对教育对学习的理解，与我国的研究不分伯仲。比如早在20世纪初那场全面启动的课改中，我们就提出并践行对学生“情感、态度、价值观”的培养。2015年左右，我们在提出提升学生核心素养的第二轮改革中，已经关注并研究“元认知”的问题。这些，我在杭州市教研室主任曹宝龙先生以及浙江省教研室评价部主任沈启正老师的讲座上都听到过。对于前面两个阶段的讲座，我充满着骄傲与自豪。尤其是蔡博士洋洋得意地让我们一边解数学题一边结合具体案例分析讲解时，我们访学学员中的高考数学满分者、浙江省数学特级老师俞军老师以及曾经的区初中数学学科教研员姚琪翔老师都能头头是道，解释题目指向的数学意义，展示解题思维过程，等等。蔡博士不得不叹服我们访学团的数学水平，他觉得我们对数学的理解力确实不一般，其中也包括我们的“三朵花”（蔡博士当场授予三位学员的美称）虽然非数学专业，但是对数学课堂的理解与追求也不亚于一个专业的数学老师，蔡博士没有掩饰他对我们的欣赏之意。

随着讲座的推进，蔡博士点出“数学问题的解决”背后不只是解出答案、获得方法、提升能力与思维，还有强化学生的态度。或者说，我们让孩子通过学习数学，获得了这些知识、方法、能力以及态度又是为了什么呢？毋庸置疑是解决现实世界情境中的问题。

怎样的问题是现实世界情境中的问题？如今的数学学习又有多少是在模拟解决现实世界的情境问题？

我们先一起来看一组题：

第一题：来源于2014年桥O水准考试，试卷二的第9题。

此图是一个水平地面上的三角形花坛ABC。

AB=4.6m，AC=3.8m，$\angle ACB$=78°。

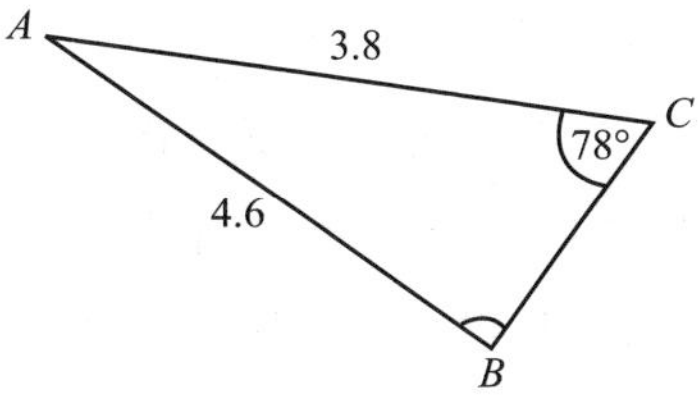

（a）计算

（ⅰ）$\angle ABC$

（ⅱ）花坛的面积。

（b）在花坛ABC的顶点C处有一竖直的旗杆CM，该旗杆由两根线AM和BM固定下来。CM=6.0m。

（ⅰ）证明：AM=7.10m（准确到小数点后2位）

（ⅱ）如果BM=6.59m，求M相对于B的仰角。

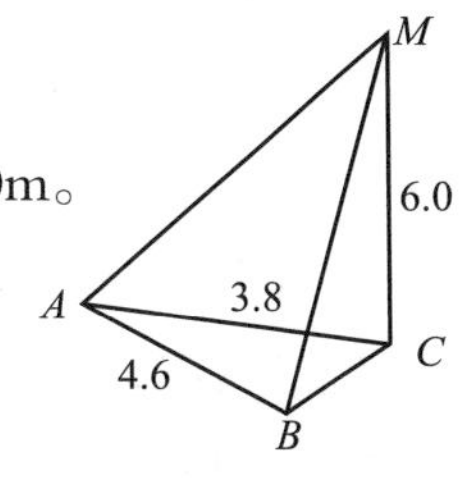

第二题：来源GCE O-Level，2017，Page2，Q10

彼特给一家体育俱乐部出简报。

每张简报是用4张A4的纸双面黑白打印的。

彼特每年要给订户邮寄简报6次。

彼特需要的信息印在了反面。

彼特使用C5型号的信封邮寄这些简报。他发现装有4张A4大小纸的C5信封重约25克。

（a）他寄一份简报要花多少钱？

他估计该简报将有150家订户。

（b）打印一年的简报，彼特需要使用几个墨盒？

彼特需要确定每家订户一年要收多少钱。他需要确保有足够的钱来维持所有的开支。

第三题：来自蔡博士在课堂上举的一道例题。

您的一个好友想举家搬迁到新的城市生活和工作。

他想你根据他家的实际情况给他一些建议。

请就你认为最合适的城市草拟一份建议书。

在逐一出示题目时，蔡博士都会问：你认为上述的问题是现实世界的情境问题吗？为什么？

第一题时，就有部分访学学员举起了手。因为这类题正是我们学生课堂里的应用题，而应用题不就是情境问题吗？第二题时，部分访学学员却不敢坚定地举起手来。因为与第一题相比较，这里涉及的情境显然更真实，强调的是如何将数学应用到现实世界中去的问题，所涉问题是学习者熟悉的。不敢坚定地举手者恰恰是第一题时举起了手的学员。因为他们此刻发现第一题描述的情境似乎是编造的、不真实的。第三题时，蔡博士提示我们：第一题和第三题有什么不同？在我一脸茫然的时候，学员中的数学“天才”们一语指出：这里的数学问题还没有确定，但可以肯定的是这个“搬家”问题的解决一定需要数学的概念、技能。也就说，学习者需要对问题进行解释，确定其中的变量，做出一些假设。

此时，蔡博士非常满意地点头：这是一道现实情境的问题，是一道数学建模问题。三题一比较，我想什么是真正的现实世界情境问题应该很清晰了。现实情境问题应该包含在各个数学领域，解决现实世界问题可能需要综合运用多个领域的概念和技能。同样是解决现实世界情境问题的第二题与第三题，后者显然对学生的能力、思维等提出了更高的要求，即必须建模才能解决。

关于第三题数学建模问题如何给出答案，我后来不再细究了。一方面是作为文科生的我确实理解起来很费劲，另一方面是因为当三道题目全部展示分析后，我的脑海里浮现的是当下学生的数学课本和数学作业本上众多的练习题。当这类非真实生活情境、非现实世界情境的题充斥在学生眼前时，学生学习数学的动力来自哪里？学生数学学习的兴趣又将如何点燃？我不禁回想起不经意间听到的孩子们的疑惑："我们学这些到底有什么用啊？"

听完这个讲座，我对于追寻"数学问题解决"背后的育人价值有了更深的思考。显然，以数学问题的解决作为数学学习的重点才是有意义的学习，基于真实世界问题情境（国内称"生活问题情境"）的数学问题解决才更能激发学生学习的兴趣，提高学生的能力，激活学生的思维。因为只有这样的学习体验，孩子们才会奔着解决问题，应用所学的概念和技能，思考、推理甚至建模，找到答案，找到方法，找到兴趣，找到能力，找到自信。

蔡博士展示的从2014年到2017年的选拔考试真题，再到给我们讲课时的列举题，正说明了新加坡基础教育中数学教育的发展演变之路，正与我们浙江省的中考、高考改革理念一致，步伐也不分快慢。我想，这是因为教育专家们都关注到了学科教育的本质在于发展人、培养人，进而服务社会，推动社会发展。这就是"数学问题解决"背后深邃的育人价值和社会价值。

我想，数学如此，其他科目也一样。

2019年11月5日

体育课也可以培育“价值观”

在新加坡访学期间，“价值观”是我听到频率最高的词之一。比如，卓越学校模式聚焦核心价值观，学校办学理念体系彰显价值观，而南洋理工大学许坤德博士关于“通过体育运动灌输价值观”的一个讲座、一次体育运动实践体验课，更是引发了我们全体学员的兴趣。

价值观，即引导行为的基本信念和原则，鉴定行为是否理想或良好的标准。许博士说：在体育运动课中灌输价值观，可以对体育运动课的功能与角色有更全面的判断与理解，从而促进青少年良好的社交发展和行为，发展价值观、积极的社交情绪、21世纪所需的技能等。

新加坡前教育部部长、现任副总理王瑞杰说：“一个孩子的全面发展必须从灌输正确的个性和价值观开始。我们必须采取以学生为主、以价值观作引导的教学法。”然而，在现实的体育课中，重视技能训练、忽略人的价值观培养的情况并不鲜见。因此，价值观灌输的结果令人质疑，新加坡也曾遭遇这样的问题。缺乏适当的培训，教师讲课或教学的行式（指办事的方法，形式犹言外表，意为重外表不重内容与本质）传授，既没有明确的系统、框架或结构，也没有明确的检查机制，这些因素都制约了价值观在课堂的灌输。

为了突破体育运动课价值观灌输的瓶颈，许博士设计了“发展价值观的体育课程”，并对体育老师进行“介绍—设定教案—实践—复习”四环节培训。

向参训体育老师强调“灌输价值观的教学如今变得更重要，也需要特地设计在课程中。过去如果有机会的话，我们就教价值观念，现在我们则是有意地把它设计进课程中”。而在具体操作时，有两个环节特别重要。

第一是教案设定环节。结合游戏活动或练习项目，明确应该强调的价值观及考量的标准，以达到刻意教导的作用。比如：“地板传球示范”活动时，在确保学生正确地执行地板传球这一技能的同时，将价值观的灌输确定为“尊重”，即为他人设想，考虑到其他人的需求。具体表现为在老师和同学说话时保持安静。又如在“地板球练习”环节，要求学生在老师的引导下，有机会练习及掌控地板球。此时灌输的价值观依然是“尊重”，具体表现则为包容个人差异及不同看法，关怀他人。

第二是课堂结束汇报环节。临近下课，老师组织学生进行课堂汇报，学生基于学习（或活动）体验畅谈，老师此时或引导或提炼或归纳，总结出本堂课学生应该掌握的价值观。比如足球课，需要掌握的技能是进攻、快速和准确地传球（快速观察后传球），需要灌输的价值观是团队合作、毅力。在课堂汇报时，老师引导学生不能仅停留于技术层面（快速和准确的传球技能）的获得，还要有意强调本堂课的价值观，即从进攻队的体验中提炼“团队合作、有毅力”、从防守队的体验中归纳“拼搏、永不放弃”的价值观。

“发展价值观的课程”实施以后，新加坡体育运动课教导方式发生了改变。有的老师说：“过去，我只想到要加强运动员的体能和技术。现在我发现，我只专注于技术，忽略了其他东西。在加入价值观传授之后，运动员需要在训练之外更加动脑筋。”也有老师说：“过去，我不注重灌输价值观。如果我看到他们做错事，只是骂骂他们便继续训练。现在我在每一堂课都习惯和他们谈谈价值观的话题。”也有更多老师通过这个课程开启了另一扇门，他们分享体验：“这类课，让我通过分享看到更多选择和意见，让我看到如何以不同方法通过活动带出价值观。”

新加坡的以价值为本的训练课程，其价值观的灌输不仅在体育运动课上，还迁移到其他学科，运用到学校之外的地方。这既是对体育运动课课堂成果的检验，更是在新情境中的训练再巩固。比如，还是在体育课堂中灌输价值观“尊重”，体育老师在课末汇报环节引导学生讨论“我们应该怎样把尊重用到英语课上”。学生通过讨论形成“上课专注听，不随便打断老师和同学的发言就是尊重”的认知，下一堂体育课，体育老师在课前要求学生反馈在英语课上对“尊重”的落实情况。再比如，要将“尊重”运用到学校以外，老师同样会问学生“在家里该如何运用呢”，从而形成共同的行动准则。

对于价值观的迁移，师生都认为如果良好的价值观只在体育课时才表现出来，那学习还是失败的；应该在体育课之外的地方，例如家里或其他场所对待老师同学时，也能表现出同样的尊重。

此外，价值观的有效灌输，需要争取家长的合作。校方要更主动地和父母紧密合作，告诉他们孩子做了什么好的行为，希望父母加强这方面的教导并紧密参与。具体可以借助小卡片实现沟通与强化。比如，课堂上灌输了价值观“负责任”，老师引导学生在小卡片上写下他们如何能在家里做到负责任。有的孩子会写“我在家里能帮忙洗碗，为自己的房间吸尘打扫”。然后老师让孩子把小卡片带回家，让他们的父母知道。一周以后收回卡片，家长会在小卡片上反馈信息。

综上所述，我们可以归纳出新加坡体育运动课“价值观灌输的表现计划”，即“策划—执行—运用所学”三个阶段（见图11）。从“体育课的灌输”到“价值观的迁移”，老师引导学生对某一价值观的定义进行理解，进而在新情境中对此行为进行统一识别，最后向学生的朋友、老师和父母反馈。简言之，即让体育课的“承诺”落实为其他课堂或其他场合的表现，引进家长鉴定或同学之间的沟通，有效保证“价值观”灌输落地有痕、内化有章法。

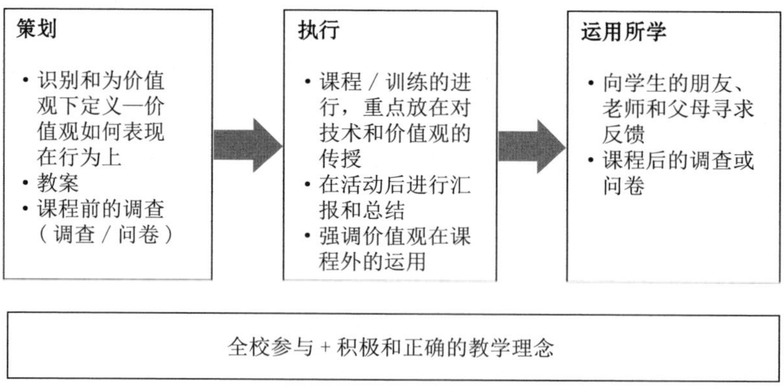

图 11　新加坡体育运动课价值观灌输的三个阶段

当时，我对于每一堂课上有关价值观的提炼与归纳是否会随意或无序产生了疑惑。对此，许博士给了令我满意的答案：来自学校价值观的顶层设计（见图12）。

价值观“尊重”是如何被转移的

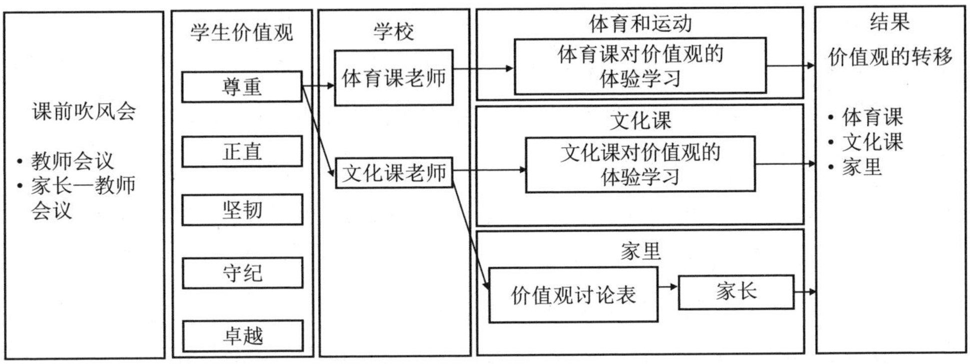

月份	1-2 月	3-4 月	5 月	6 月	8-9 月	10-11 月	12 月
价值观	尊重	正直	坚韧	-	守纪	卓越	-

图 12　学校价值观的顶层设计

相比新加坡体育运动课价值观灌输较为成体系、成熟的做法，我国在这个领域也有一些尝试。尤其是在体育特色活动课上，有些学校已经有了成功的经验。例如，来自宁海县仙桃街道山水小学的吴定河校长给我们作了一个精彩的分享。

该校的体育特色活动是“竹竿舞”。竹竿舞本是壮族、黎族等少数民族的舞蹈，持杆者姿势有坐、蹲、站三种，变化多样。在有节奏、有规律的碰击声里，跳舞者在竹竿分合的瞬间，不但要敏捷地进退跳跃，而且要潇洒自然地做出各种优美的动作。跳好竹竿舞，离不开合作、尊重、坚韧等价值观。

山水小学把竹竿舞作为学校特色体育活动，源自学校办学顶层设计。该校的育人目标是，做像竹子一样谦虚、正直、坚韧的山水学子。在学校文化顶层设计中，学校开发了一系列与竹子有关的特色课程、特色活动，“竹竿舞”便是其中一项特色体育活动。竹竿舞特色活动的开展，既符合学校办学的顶层设计，又渗透了“合作、尊重、坚韧”等核心价值观。为了将学校核心价值观、育人目标通过“竹竿舞”有效落地，学校编制校本教材，保证在课堂中灌输价值观，并强调课堂活动中学生的体验，同时每年还以比赛或展示的方式来推动活动螺旋式向上提升。如今学校已经形成研究课题，并进行了总结推广。

再比如，北师大南湖附属小学校长江伟，分享了他们“每一个都很重要”的办学理念，以及在体育活动中渗透价值观的做法，如进行全员运动会，开展人人参与的接力赛等。运动特长生更是以项目制的方式让体育老师单独负责，所以学校现有的体育活动，不仅注重每一个孩子运动技能的获得与价值观成长，也培育着体育特长生在各类比赛中取得的骄人成绩与自信。

比照新加坡与中国在体育运动课上灌输价值观的意识、操作以及成效，我们充分感受到了新加坡的做法更具成熟，也更具普遍的推广性。我想这与他们的“全人教育”理念是分不开的，与他们倡导的“尊重、责任感、坚毅不屈、正直、关爱、和谐”的核心价值观是分不开的。从新加坡体育运动课上价值观的灌输，我们可以看到新加坡培养面向21世纪的人才的计划已经深入各学科，并通过课堂迁移到家庭、社区，全社会形成了以学校为核心推力的育人途径。当然，许博士的成果是否已经在新加坡全面推广，推广中遇到了怎样的困难，我想再次造访新加坡时，我一定会走进学校、走近体育老师再去做详细的了解。

2019年12月8日

现代信息技术与体育课的深度融合
——体育运动课《传球》例谈

现代资讯通信科技，即有助于信息传递和各种数码通信的技术，在国内也称为信息技术。信息技术与体育运动课的深度融合，我国正处于起步阶段。那么，新加坡在这方面有怎样的探索与实践呢？南洋理工大学体育与运动学部许坤德博士给我们带来了第二个体育课讲座“如何运用资讯通信科技提高新加坡学生在体育和运动竞技课的学习兴趣”，以及一堂体育运动体验课“传球”。

一、课堂回顾

在学习“传球”内容时，课堂上老师设计了三个环节，分别是课前任务训练、课堂训练以及课堂小结。其中，课堂训练分为课堂训练与延伸练习。整堂课训练量比较足，学生运动技能的掌握也比较好。

课前，许博士对我们进行同质分组，从擅长打篮球的到不太会打篮球的分别分入不同的小组，最不会打球直接表示要放弃的五个同学则被许博士分别任命为小组长。然后，许博士召集五位组长，给每人一份课堂教学简案以及一个iPad，并给每位组长布置任务，即带着组员一起学习视频，了解学习内容，明确练习要点，然后在现场监督组员练习传球。

我们按部就班，从“课前任务”开始。我们第一组首先完成了两个视频的学习（见下面具体内容）。我由于对篮球运动“一穷二白”，因此实在没搞明白视频的要点。幸亏同班学员程志平自学能力强，悟性也高，篮球技术更是了得，在他的解读下，组员边观看边相互探讨，大家基本明白了训练内容和训练要点。

（一）课前任务：观看视频（传球）

1. 教师提供 3VS1 Possession Game Tasks视频，组长组织学员观看视频。

观察重点提示：玩3对1传球游戏，注意“任务”和“教学线索”。

2. 教师提供 3VS1 Chest or Bounce Pass TP视频，组织学员观看视频。

观察重点提示：无球者跑到其他空间接球；有球者用假动作传球；观察防守情况，有效传球（胸腔或地板球）。

本环节学习经历三个阶段：各小组基于信息技术网络视频学习，学员交流讨论；分组训练，组长监督；许博士巡视各小组，并示范和指导，强调训练要点。

完成课前任务后，我们进入课堂学习阶段。我们组采用三个任务逐步学习、逐步训练巩固的练习模式。在学习方式上，借助iPad进行视频观摩学习，学员边看边讨论。此时，身为组长的我，将教学设计中强调的动作要点进行朗读。其他学员听要点对标视频，全组共同明确每一次训练内容及其要点。

（二）课堂上任务

1. 任务：四人一组，玩3对1传球游戏（十分钟）。

要求：球不能触及地板或高过接球者的肩膀，保持分数；若球被拦截，替换防守队员。

2. 观看视频 Chest Passing Tasks。

任务：练习胸前传球（5分钟，成功传和接20个胸前球）。

要求：手指打开，掌心相对；球在胸前；双手伸直，手指指向队友胸前。

3. 观看视频 Wek 2/Bounce Pass−Stationary TP。

任务：练习地板传球（5分钟，成功传和接20个地板球）。

要求：持球和胸前球相似；双手伸直，手指指向地板的2/3接近队友。

与课前训练时一样，许博士到各训练小组巡视指导、示范，明确该掌握的动作要点。学员继续强化巩固训练，着重对照动作标准，掌握要领。

4. 课堂延伸活动：观看视频 Passing and signal Tasks。

要点：两人一组练习（注意教学点）。

使用假动作，将重心放在脚尖，弯膝；向右假晃，将重心放在右脚尖，延展右膝盖，向左边快速跑动接球。移动传/接球（20次成功传/接球）。

（三）课堂小结

许博士主持了课堂小结环节，分别请两位学员上台边演示边总结课堂所得，其间还结合了前一堂课的价值观进行总结。由于结合演示，小结生动有趣，对于本堂课学习要点“胸前传球”和“地板传球”的技术要点，大家都能在呈现与演示中再强化。

二、课后感悟

这是一堂普通的体育运动课，学习内容为“胸前传球”和“地板传球”，是中学生应该掌握的基本技能；这又是一堂不普通的课，由于全程引入信息技术辅助教学，且将学生分成不同小组，以自学、讨论、练习为主，更凸显了学生的主体性，较之传统课堂更富有活力和生机。课堂特征具体如下：

一是信息技术深度融合。整堂课从游戏热身训练到两大主要任务学习，即胸前传球和地板传球，以及延伸活动训练，均从学生看视频自主学习开始，类似翻转课堂。 每一阶段学习，组长带领组员学习视频内容，从视频中明白本节课每一阶段需要训练的任务与需要掌握的技能。相对传统课堂中教师布置任务与示范要点，本节课学生借助信息技术，从被动灌输转为主动学习。

二是激发学生学习兴趣。由于体育运动课一般都在课外进行，体育老师不会在课堂上引入信息技术，因此课堂相对其他在室内进行的课要传统而封闭，学生对这种缺乏变化和最新技术导入的课堂激情不足。而本堂课，老师巧妙地将训练内容和要点借助iPad带入课堂，每组一个iPad自主学习、自主训练，大大激发了学生学习的兴趣。课堂上，许博士还教我们进一步开发iPad功能，即将同学们课堂训练的片段以视频的形式录下，训练结束后组织大家观看自己组的训练场景，并相互点评各组员对训练要点的掌握情况。这个时候，是组员笑声飞扬的时候，也是最直观地发现长处与改掉缺点的时候。

三是凸显学生学习主体的地位。课堂每一阶段都是从学生基于视频的自学开始的。从传统课堂“先教后学”转型到“先学后练”，教师退到了学生背后，学生无疑被推到了学习的前沿，学生主体地位得到大大凸显。在课堂上，我们看视频自学阶段，围绕训练要点、动作要领以及任务目标进行探讨，主动性被激发，大家会自主确定训练角色，集体明确训练规则等，教师不参与这个环节。训练阶段，学员自行训练，此时教师巡视、旁观并指出问题，提示训练重点难点，并亲自示范。

四是课堂小结生动有效。最有效的莫过于课堂小结了，当课堂接近尾声时，许博士组织大家进行课堂小结。在班级体育委员组织大家做放松运动后，许博士指定学生谈课堂收获，学员叶劲松很荣幸地被指名第一位做分享。叶劲松上台，许博士问：“这堂课你学到了传球的什么知识、技能？”学员之间忍不住插嘴帮助时，许博士就用价值观提醒我们。比如：“唉，尊重哦！不许打断同学发言。”而学员口头总结结束后，许博士一定要我们再辅以实践的训练展示，并由许博士再次强调要点。需要配合时，其他学员也欣欣然上台配合完成动作，充分显示了课堂“合作、共享”的价值观。

三、课堂背后的思考

新加坡的体育运动课如此重视将资讯通信科技引入，是基于怎样的思考？

首先，依托时代发展的教育变革的必然。现代科技的快速崛起和发展，促使全球教育界都在探讨如何满足学生在数码时代的需求；而娱乐和游戏无疑更容易让青少年接受各种形式的通信科技和信息，也使他们对资讯通信技术的运用越来越熟练。

审视当下教学，传统的教学方法已渐渐失去魅力，教育工作者需引入更具创新的教学方式来吸引学生注意力，激励他们学习。将资讯通信科技纳入课程和教学，是未来学习的主要方式。教育必须依时代发展而转变，据学生兴趣而做出改变。为此，新加坡政府设立了参与规划和设立教育政策的政府机构，给予学校在建立资讯通信科技系统和课程上重大的支持。比如：新加坡教育部在1997—2018年推出了三个关于信息和通信科技的总体规划蓝图，投资近64亿新币为学校建立资讯通信科技基础设施。积极鼓励教师把资讯通信科技融入课程教学中，并开发相关的互动学习环境。教育部还为学校设立资讯通信科技共用平台。因此，资讯通信科技在新加坡学校中扮演着相当重要的作用。

其次，基于“全人教育”理念的育人的必然选择。现代资讯通信科技融入体育运动课有效地转变了学生的学习方式，凸显学生在学习中的主体地位，“全人教育”理念得以充分体现。

这样的课堂，技能的获得并不是全部，指向的是学生综合能力的提升。如课堂上学生利用iPad给同学录制训练场景视频，不仅为学生的体育技能表现提供反馈依据，协助他们更有效地掌握或提高运动技能，更促进了学生有效使用现代资讯通信技术进行真实情境的学习。

这样的课堂，显然更重视学生情感意志价值观的培养，如对学生团队合作和沟通能力的培养。小组视频学习讨论时、小组合作训练时、小组反馈小结时，处处体现了对合作沟通能力的培养。此外，还指向学生良好运动习惯的养成，如小组成员自助式视频学习，等等。

课后我与许博士深入交流，得知这是他在新加坡推广的课题，即新加坡中小学课堂关于现代资讯通信与体育运动课的深度融合尚处于起步阶段。但我亲历新加坡体育课后，觉得这样一课堂能翻转两到三次，对学生的兴趣提升、技能掌握、价值观的培养以及终身健康生活方式培养都有积极的促进作用。

2019年12月25日

基于学习本质的专题作业设计与实施

2020年1月6日，新加坡南洋理工大学教育学院洪瑞春讲师给我们带来了讲座——“学生跨学科能力的培养”。这是在新加坡访学近三个月来听到的为数不多的关于课堂教学的讲座，我自然是十分珍惜，尤其本次讲的是学生跨学科能力的培养，直指当下教育最热门的话题。

什么是新加坡的专题作业？洪老师介绍，在跨学科能力培养的大背景中，这类学习包括探究性学习、跨学科任务以及单一学科内部的跨学科作业等。结合国内类似学习的推进，仔细分析可得，这类作业强调对学习资源的重新整合，是将新课程理念转变为具体可操作的学习方式，有利于拓宽知识视野，淡化学科界限，有利于灵活运用知识解决实际问题，能较好地实现新课标提出的“拓宽学习和运用的领域，注重跨学科的学习”的目的。它着眼于培养学生的核心素养，从而为学生的全面可持续发展奠定基础。

一、新加坡专题作业的背景及相关理论基础

洪老师从我们耳熟能详的新加坡教育愿景——“重思考的学校，好学习的国民”谈起，反复强调“知识固然重要，懂得思考更重要”“知识不再重要，思考才是王牌”等。

培养会思考的未来人才，课程是跑道，课堂是主阵地。在“应用课程教，并非教课程”的先进思想引导下，新加坡坚守以学生为中心的教学理念（见图13），尊重学生学习能力之差异、学习方式之差异，倡导差异化教学、问题导向型学习、探索型学习以及任务型学习等。课堂以学生能懂或感兴趣的内容为起点，思考学生应该再懂什么，能懂什么，该懂什么，以及如何让学生能懂、能学、能用、能拓、能伸、能创。这就涉及关于课堂教学设计、课堂教学策略、学习方法以及学习过程的研究等问题了。

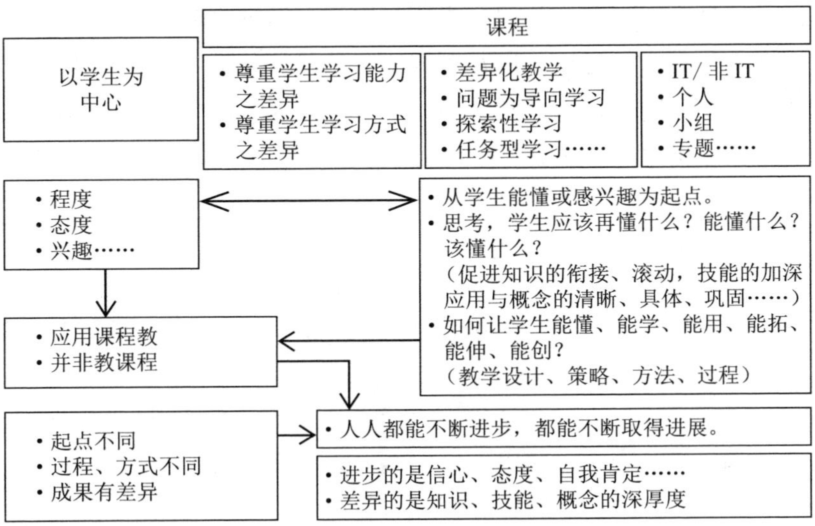

图 13　以学生为中心教学思考模型

在以学生为中心的教学基本原则下，新加坡优秀教师们研究课堂，对教学设计与实践有了深刻的思考与深入的推动。他们认为：课堂教学设计要从“学生可理解输入”着手，适当激励并辅以协作学习与自主学习，从而实现最大化学习。在最大化学习目标的总指导思想与针对性聚焦学习教学的基本策略要求下，学习“四问”的提出与实践直指学习本质，即“学什么”“为何学”“怎么学”“确定学会”。关注间隔与差距，在“引—学—练—用—评”基本教学环节里，充分运用体验式学习、显性教学，使学习成效成为不断积累与跨越的过程。

在这个教学设计原理的阐述中，我特别心动于洪老师的两大观点：第一，学生学习要从“可理解输入”开始。其实质是让老师充分明晰学生学习的起点，国内称之为“教学起点”，即每位教师都该把握的“学情”，这是有效教学的起点。第二，学习是一个不断积累与“跨越”的过程。心动“跨越”，表明学习的追求不仅仅在于积累，难能可贵的还在于跨越。

当然，在新加坡听到洪老师的教学设计“四问”，我又无比激动与兴奋。因为自2019年3月起，仓前实验中学将课堂教学改革前置，同样从教学四问切入集体备课。如今，仓前实验中学已经逐渐引领教师在教学设计时有了更高层次的思考——基于课程标准与学科核心素养的思考，更本质的理解——学生学习的目标、动态有效的学习过程，以及更到位的学习——如何更有理性地评价学生“学会”的标准（见图14）。欣喜于异国他乡教育界对课堂的理解与我们目前课堂教学改革如此相似，更坚定了我们学校进行学课堂教学改革前行的步伐。

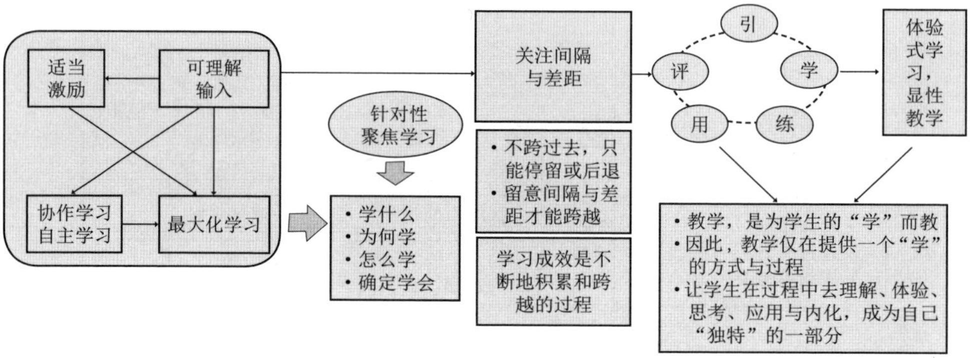

图14　教学设计与实践

此处关于“以学生为中心”的教学思考，以及“关注间隔与差距”的教学设计与实施，不仅仅在于引题，而且意在指出其实质恰是新加坡“专题作业教与学”的深度思考或理论基础。

二、新加坡专题作业的设计与实施

本着“积累重宽厚，运用求鲜活”的学习理念，新加坡专题作业的设计旨在激发学生探究事物的兴趣与提升学生的探索能力，让学生具备“质疑、释疑”的能力与勇于克服难题的精神。它不仅提供小组协作机会，加强协作意识与团队精神培养，还提供机会让学生展示批判与创新思维能力。

专题作业实施的过程是鼓励学生交流、接受评价与反思的过程，还是观察与评价学生的自学能力、态度与团队精神的过程。它让课堂中单一学科或跨学科的知识、内容、技能、概念等得以延伸，提供机会让学生朝自己感兴趣的课题进行探索，进而拓展学生的知识与技能的深广度。

新加坡专题作业有三种类型，即探究型学习、跨学科任务以及单一学科跨学科作业，与我国的跨学科教学的探索非常相似。新加坡专题作业具体实施历经七个阶段：唤醒—探索—激发—推进—路障—重组—呈现，最后成果产出、评估与反思检讨。

唤醒阶段：通过课堂观察、平时作业、小组协作、个人呈现等，引导学生进行反思与检讨，让学生对自己的学习方式与成果有更具体的认识，从而帮助学生更了解自己的学习方式、成果、兴趣、潜能等，进而让学生对学习充满期待，增强学习的欲望和热情。

探索阶段：引导学生根据自己的兴趣和求知欲望进行思考与探索。教师在与学生的引导沟通中，可以思考想知道什么、为什么想知道、探索的意义和价值是什么、想如何进行探索。

激发阶段：展示前几届学生的优秀作品，让学生观看，进行讨论与反思，进一步激发学生的探索兴趣。

推进阶段：引导与推进制定的研究计划，通常先引导学生进行文献或材料检索；然后让学生初步草拟计划；再引导学生对计划进行合理性调整、策略应用；定下面谈次数与时段规划，列出计划推进行程表与开展方式等。专题的开展和结束必须要有完整的档案记录。

路障阶段：在专题研究过程中必然会遭遇内部或外部阻碍、困惑，教师应该适时提供咨询，以激励学生保持积极和乐观的态度。

重组阶段：学生有了较为具体的成果后，引导学生进行反思，使学生对要呈现的内容、主题、结构、价值、反思等有更为具体的认识。如有需要，必须引导学生针对内容、要点、呈现方式等进行重组。

呈现阶段：引导学生根据要求呈现，提升学生的自信心。

成果的产出、评估与反思检讨阶段：为了让初学者更易理解与掌握，老师们研制出专题作业基本框架（见图15）供学生们参考。具体包括：前言（研究背景）—研究目的、意义、问题—文献评介与理论框架—教学实验设计（研究对象、教材选择、策略应用、工具、方法与研究过程）—研究结果—小结—参考文献—附录。洪老师强调了作业基本框架对于学生的重要意义，而去模式化是在有了一定模式以后才做的事。

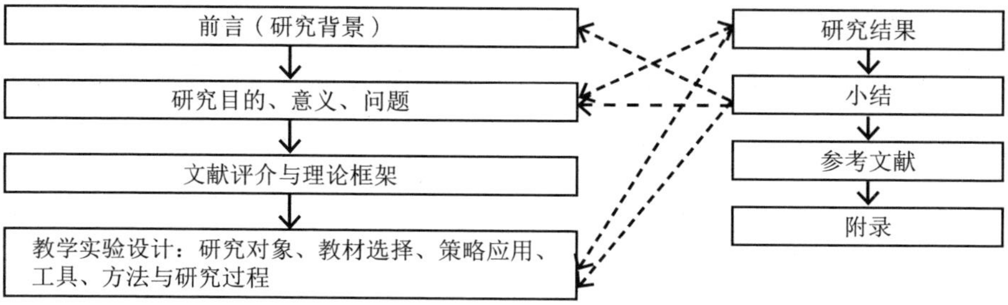

图 15　学生专题作业基础框架

此外，新加坡教师还为学生提供“专题研究流程以及专题研究历程”。

专题研究流程（见图16）呈现学生学习的三大流程：了解现状—制定并记录行动过程—检验行动成效。其中，了解现状阶段有八小步：寻找起点—确定主题—设定研究问题—预设数据—选择研究工具—收集数据—分析现状—定位问题；制定并记录行动过程有三小步：制定行动策略—实施行动策略—验证行动策略；检验行动成效有三小步：描述行动的过程—分析数据—验证行动策略。

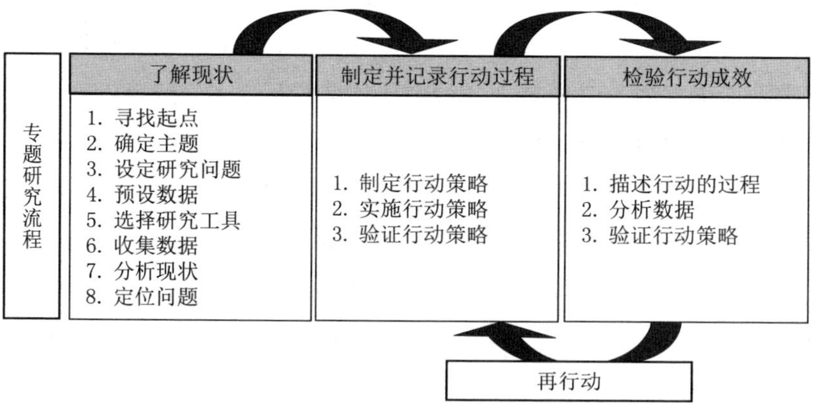

图 16　专题研究流程

专题研究历程（见图17），呈现了学习行动背后，学生从概念的形成到再建构以至顶点的能力、技能以及知识螺旋式上升的过程。它强调学生的思考、实践、再思考与再实践的过程，教师以点拨的方式进行，学生在纠正、补充、拓展中达成学习的目标。

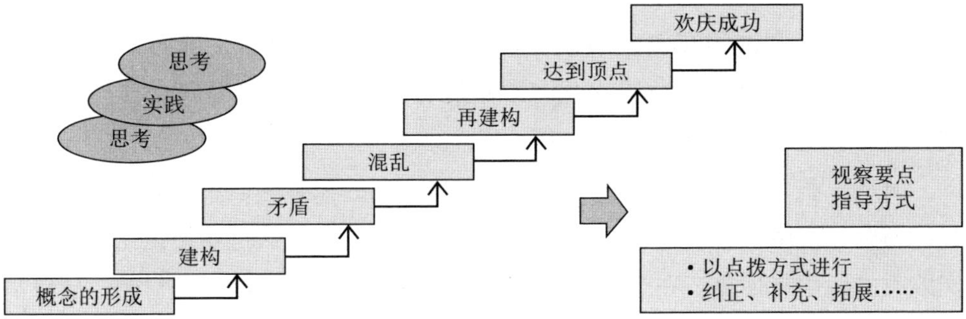

图 17　专题研究历程

三、从专题作业的设计与实施看学生学习的本质

聆听洪老师关于新加坡的专题作业的讲座，很容易让人联想到我国正在开展的研究性学习、综合性学习，等等。二者无论是学习的方式还是成果的呈现都有惊人的一致性，无非叫法不同而已。目前两国都致力于推进此类学习，包括这些年来我国在大力推进的STEAM课程、PBL学习，从中我们可以归纳学生学习的本质。

什么是教学？现今的教学，不再是传统的传播知识，而是为了促进学生的学习能力。什么是学习呢？学习是由经验引发变化的过程，这一过程增强人们改善行为和后继学习的潜能。新加坡专题作业的学习过程体现了上述促进学生学习的特征，也体现了增强人们改善行为和后继学习的潜能的特征。具体来说，具有三个特征：学习是一个过程，而不是一个结果；学习包含知识、信念、行为或态度的变化；学习并不是对学生做了什么，而是学生自己做了什么。

关于“学习是一个过程”，首先应回到课堂的教与学来分析这个过程。

讲课前，一般来说教师都会做好充足的准备，即备课。教师在备课时往往会预判学生已有经验的积累与知识的习得，从而确定应该教什么。到了课堂学生学习阶段，教师又必须根据课堂上学生的表现，重新判断“学生了解了什么”，也就是我们常说的学情。根据学情，教师再次迅速判断“学生想学什么”“能学什么”“可以学什么”。这种调整，体现的是以学生为中心的课堂教学理念。一堂课的实效，不在于教师做了什么，而是学生能感悟什么，能掌握什么。立足基础，适当深化，着眼综合，关注素养，是课堂教与学的全部，这始终是一个动态发展的过程。

其次，整个学习过程包含了基础知识与技能的积累与运用、知识与技能的强化整合与实用，有学习中的积累与运用，也有考查类的积累与强化，更包括实践类的运用与强化。在整个学习过程中，积累是基础，运用是目的，应秉承“积累重宽厚，运用求鲜活”的基本思想。可以说，积累、运用、考查贯穿了学生学习的始终，体现了学习的过程。

最后，我们还需要关注人的价值观、情感与习惯等非智力因素的形成和养成。学习过程中学生原有的知识、经验、技能固然直接影响着学生效果，但我们不能忽视的是学生的价值观、情感、习惯等非智力因素也会影响他们学习的过程与结果，这些因素又都伴随着每个孩子生活、学习而处于动态发展的过程。

学习是一个发展的过程，与学生生命中的其他发展过程相互交叉，原有的知识、经验、技能、价值观、情感、习惯等都会影响学生的学习过程与结果。因此，如何让学生掌握的知识、技能与他原有的能力与相关的真实学习情境相结合，进而发挥最大的学习效益，是教师进行教学设计与实践的最大考量。

新加坡专题作业的设计与实施，让我们更直观地看到了学生学习的本质，即“学习是过程，不是结果”“学习不仅关注知识、技能，还应关注价值观、情感、习惯等”“我们要看学生学习过程中他自己做了什么”。

因此，让学习真实地发生是当下我们教育人的追求。真实发生的学习应该是与真实学习情境相结合的学习，应该以问题解决为导向，应该关注人的综合能力的提升，应该面向未来、关注人的核心素养，应该让学习可视化，让学习过程中人的思维能力、创新能力、解决问题能力等有充分的呈现与锻炼。

新加坡专题作业的设计与实施不正体现了学习的这些特征吗?

2020年1月12日

新加坡《中学华文课程标准2011》解读

日前觅得新加坡《中学华文（普通学术）》四年级上册教材一册，浏览一番后，对这册目的明确、能力强化、内容精要、设计活泼的课本心生喜爱。

《中学华文（普通学术）》四年级上册教材仅89页，共三个单元九篇课文，分别是“单元一：生活万花筒”（记叙文单元），“单元二：大自然的风采”（说明文单元），“单元三：成功与志趣”（议论文单元）。每个单元包括讲读课、导读课、自读课和综合任务。讲读课和导读课设有“预习”，学生可以在课前自行完成“预习”中的问题。每篇课文均按如下板块设计：正文、知识小锦囊、课文放大镜、技能学堂阅读（含小任务）、技能学堂说话（含小任务）。教材编排遵循“先例，后说，再练”的原则，即先通过例子与说明让学生对学习重点有一定的认识，然后才进行相关的练习，把知识转化为能力。此外，教材中有意识地渗透资讯科技的元素，以加强学习效益。

《中学华文（普通学术）》“编写说明”清晰地指出：“本教材是根据新加坡教育部颁布的《中学华文课程标准2011》并参考各方面的意见编写而成。”教材的编写以课程标准所列的课程目标为依据，旨在提升学生的语言交际能力、人文素养与通用能力。在华人占比达75%的新加坡，施行的还是“英语为第一语言，母语为第二语言”的双语政策。我对他们的华文教材产生了极大的兴趣，尤其在粗粗浏览这册教材后，又迫不及待地找来《中学华文课程标准

2011》进行阅读，试图对新加坡的华文教育有更深入的了解。

阅读《中学华文课程标准2011》，获悉新加坡中学华文课程包括了华文（基础）、华文（B）、华文（普通学术）、华文（快捷）与华文（高级）五种课程。我手头的“普通学术”华文课程是其中的一类语文课程。当然，五个华文课程上位的课程标准是同一版本，即《中学华文课程标准2011》。该标准共六大章，分别是前言、课程理念、课程特点、课程总目标、分项分级目标以及实施要领。其主要板块与我们国内的《义务教育语文课程标准（2018年版）》八九不离十；不同的是，我们指向义务段，包含了小学与初中共九年，而他们指向中学四年制。下面具体谈谈《中学华文课程标准2011》吧！

第一章“前言”部分主要介绍了华文课程的定位，即配合新加坡的双语政策，注重母语教学，保留传统文化，同时加强课程的灵活性，提高学生的语言运用能力；兼顾21世纪的教育目标，适应新形势、新需要，着力培养学生的思维、交际及运用科技进行学习的能力，以适应21世纪的挑战；同时明确该“课程标准”的五大块内容可作为指定教学指引、编写教材、进行教学和评价的依据。

第二章“课程理念”部分主要提出了华文课程的七大课程理念，即兼顾语言能力的培养与人文素养的提高；遵循语言学习规律，提高学习效益；完善能力等级，与小学华文课程相衔接；重视学生个别差异，开发不同的课程；培养积极、自主的学习精神；发展学生的思维能力；充分利用华文资源，注重华文实用功能。同时，对这七大理念进行了简要的阐述。比如“完善能力等级，与小学华文课程相衔接”，中学华文课程应体现课程设计的连续性和发展性。该课程在小学华文课程的基础上，建立能力等级体系。小学华文课程的能力等级分为三级，中学华文课程在此基础上延伸至七级，由一级到七级，形成一个完整的能力等级体系。又如“发展学生的思维能力”，中学华文课程应注重发挥语言与思维之间相互促进的作用。在培养学生语言能力的同时，有意识地发展学生的全面思维能力。在训练学生基础思维的前提下，培养他们的高效思维能力，提高他们分析问题和解决问题的能力。七大理念分别指向提升能力与素养、尊重学习规律、完善能力与等级、尊重学生个体差异、培养自主学习精神、发展思维能力以及注重华文实用功能。

第三章“课程特点”部分指出了五类华文课程的五大特点，即照顾学生语言能力的差异性；以语言能力等级为基础，建构课程体系；根据不同课型编写教材，组织教学；注重促进学习的评价；结合资讯科技强化华文教学。同时对这五大特点进行了简要的阐述，如“以语言能力等级为基础，建构课程体系”，主要是根据不同课程的需求，按照听说读写的能力要求，将中学阶段的语言能力分成四至七级，每个等级都包含一定数量的目标与学习点，使华文课程本着难易有序、螺旋上升的原理构成一个完整的体系。又如“根据不同课型编写教材，组织教学”，在以能力训练为主线，通过听说读写活动，促进学生综合运用语言能力的大前提下，区分不同类型的华文课程在听说课、读写课，或者讲读课、导读课和自读课中对综合运用语言的能力和自主学习的能力的不同要求。

第四章聚焦“课程总目标”明确中学华文课程的总目标是进一步提高学生学习华文的兴趣，助其养成良好的学习态度和习惯，在潜移默化中培养学生的情意品德，使其认识和传承优秀的华人文化。同时，结合语言学习，运用资讯科技等相关技能，强化学生在交际、认知和思维等方面的能力。该章节主要从加强语言交际能力、提高人文素养、提高通用能力三个维度进行了分项逐条阐述。如《华文（基础）》旨在加强学生的口语交际能力，培养基本的读写能力，最终达到以下目标：能认读1500～1600个常用字，能写其中的1000～1100个字；《华文（B）》旨在加强学生的口语交际能力，培养基本的读写能力，最终达到以下目标：能认读1600～1700个常用字，能写其中的1100～1200个字；《华文（普通学术）》旨在加强学生听说读写能力，着重读写能力的培养，最终达到以下目标：能认读2200～2300个常用字，能写其中的1800～1900个字；《华文（快捷）》旨在加强学生听说读写能力，着重读写能力的培养，最终达到以下目标：能认读2400～2500个常用字，能写其中的2000～2100个字；《华文（高级）》旨在加强学生听说读写能力，着重写作能力的培养，最终达到以下目标：能认读和写2700～2800个字。

第五章“分项分级目标”部分正如标题所言，分项分级，以表格形式呈现，各项目各层级能力点标准十分清晰、一目了然。比如，语言交际能力分成聆听能力、口语表达能力、阅读能力、书面表达能力，而各类能力点又分别根据中学生的级别做出了各自明确标准。比如，书面表达能力，四级：能运用基本的写作技巧，能写记叙文和简单的说明文，能写简单的实用文；五级：能运用复杂的写作技巧，能写记叙文、说明文和简单的议论文，能写比较复杂的实用文；六级：能综合运用写作技巧，能写记叙文、说明文和议论文，并初步进行简单的文学创作，能写复杂的实用文；七级：能写记叙文、说明文和议论文，并进行简单的文学创作，能综合运用各类表达方式，写复杂的实用文。

在分项分级目标中，除了语言交际能力被分解为四种能力、五个层级的标准外，人文素养被分成价值观和态度、华人文化、关爱意识、审美情趣，通用能力被分解为思维能力、自学能力、使用资讯科技进行学习的能力、社交技能与情绪管理能力。

需要补充说明的是，四级一般面向中三至中四华文（B）、中一至中二华文（普通学术）和华文（快捷）、中一华文（高级）；五级面向的是中三至中四华文（普通学术）、中二华文（快捷）、中二华文（高级）；六级面向的是中五华文（普通学术）、中四华文（快捷）、中三华文（高级）；七级面向中四华文（高级）。

在此板块中，我们可以清晰地看到新加坡华文课程对不同课程、不同年级学生以及不同的能力要求，分别从数字、程度副词以及能力的多与少予以充分体现，这让相关部门的教材编写、教师的日常教学要求以及学生学习都有了非常清晰并可测可评的目标要求。

第六章“课程实施”部分除给出了实施时间，即如何分阶段实施、课时安排，即周课时安排，还有“教材编写建议”“校本课程开发建议”“教学建议”“评价建议”“资讯科技使用建议”等总领性建议，以及具体建议。以大家普遍感到比较薄弱的评价建议为例。总建议：评价是教与学不可分割的组成部分，是学生学习表现的证据。评价除了具有甄别与筛选的作用外，还具有诊断、反馈和促进学习等功能。为了提高教与学的效益，教师需要通过多元化的评价方式，根据评价结果改善教学。分项表述：

一是教师在评价学生的学习时，可参考以下建议：根据教学目标，拟定全面的评价机制。首先，配合课程标准，针对教学目标、教学内容和学生的认知水平，拟定全面的评价计划。通过多元化的评价，真实客观地评价学生的水平。重视综合能力的评价。学生的语言能力综合体现在听、说、读、写四种能力上。因此，教师在评价学生的语言能力时，除评价单项语言能力外，更需要注重综合能力的评价。照顾不同认知层级的评价。为了全面提升学生的思维能力，教师在评价学生语言能力的同时，评价方式的设计应涵盖不同的认知层级，以便全面地评价学生的整体表现。其次，实践真实性的评价。真实性评价的特点体现在“真实性”上，即尽可能采用现实生活中的或与现实生活情境相似的语言问题，学生在评价中要完成的任务就是在现实生活中可能要解决的问题。

二是教师在评价学生的学习时，要重视形成性评价和终结性评价。形成性评价是我们日常教学活动中经常使用的评价方式，目的在于测定学生对学习内容的了解程度，及时发现学生存在的问题。教师在教学中可采用观察、提问、反馈、学生自评、同学互评和学习档案袋等方式对学生的学习进行评价。终结性评价是教师在教学和学生在学习之后，对教学效果所做的评价。进行终结性评价，需要有全面的规划，并注重评价结果对教学的反馈作用。终结性评价通常在一个教学阶段结束时进行。试卷的编制应以课程标准为依据，以教学内容为基础，全面测试学生的语文能力。利用评价，促进教学：教师在日常教学时应采用各种“促进学习的评价”模式，让评价工作贯穿和渗透在语文教学的各个部分，使每个学生均有机会学习及展示学习成果。这些平时积累的学习成果将为终结性评价作好铺垫。

阅读了《中学华文（普通学术）》教材后，再仔细阅读《中学华文课程标准2011》，然后体味我在新加坡领略的新加坡华人的母语现状，也就不难理解课程的定位。在工具性与人文性相统一的华文课程里，新加坡华文教材在华文工具性、学生能力点的训练上具有更体系化、序列化的特点。在新加坡的学习语言、工作语言为英语的双语政策下，绝大多数的新加坡华人目前只能说华语，不太会认或写，尤其不太能深刻理解华文的内涵。在当今中国快速发展的大背景下，如何通过学习华文让新加坡的孩子能与中国孩子“牵手”，与中华历史对接，成了新加坡政府正在考虑的问题。

2020年1月20日

师生与发展篇

走进新加坡学校，偌大的教师办公室鲜见教师身影，窥探他们的日课表、作息时间表，惊叹他们高强度、高密度的教育教学工作。

知识、文化、能力、思维，还有考试尚不进行充分检测，但是“人际交往”“团队合作”“家国情怀”“国际视野”等内容，新加坡又是怎样设计并落地的呢？走进本篇，读一读《新加坡普通教师的职业样貌》，也许你会有较全面且更感性的认识。

新加坡普通教师的职业样貌

新加坡的教师地位高，工作富有挑战！这是我们听了新加坡德明中学洪澜老师讲座——“新加坡普通老师的教学生活”后的最大感受。

先说说地位高。新加坡教师成长路径表明了他们是同龄人中的精英人才。他们中绝大部分从小学四年级分流进入重点班，进中学分流到“直通车”学校，以至顺利升入大学继续深造，大学毕业时毕业生中成绩排名前三分之一的人有资格自愿选择从事教育工作。一旦面试通过，需进入南洋理工大学教育学院继续脱产学习两年，学习结束后由国家教育部统一分配到各学校。与我国目前最优秀的孩子不进师范院校这一状况相比，新加坡绝对是优秀生源进入了教育系统，这是一拨从小就表现得比同龄人学习更努力、智商更高、综合素养更优秀的孩子，在新加坡属于无可争议的优秀人群，人人认可。他们普遍受到尊重，待遇也高。新加坡中小学教师全部纳入国家公务员系列，大学教师反而不在此体系之内，这恰恰说明新加坡对国家基础教育的高度重视。教师既然是公务员，那么收入自然与公务员完全相同，包括年底的花红。比如一位刚入职的教师，年收入约为6.5万新币，相当于人民币34万元左右。最关键的是，他们的房价并不高，年轻教师工作几年就可以自己掏钱买政府提供的组屋。

当然，与地位高相匹配的是他们的工作挑战性大。之前一直听说新加坡教师周课时有30多节，我们一直怀疑，然而洪老师告诉我们新加坡教师每周不仅有30多节课，还有很多其他任务。听后，我们甚至觉得不可思议，难以置信。

首先不可思议的是他们的课时多。一个新加坡普通教师的周工作量一般是35课时，每课时30分钟，折合成我国40分钟一节课，就等同于每周26课时！且新加坡学校习惯让老师分跨两个年级，同时肩负至少两个不同年级的课程。新加坡没有课间10分钟，老师下课从一个教室到另一个教室，会耽误下节课的时间，有的老师拖堂，也会耽误下节课的时间。因此，老师们几乎都是跑着进入另一个课堂，在教师办公室看不到老师也是非常正常的了。“这么多课，那老师备课、批作业怎么办？”我忍不住问。洪老师笑着回答：“回家备课！”这是新加坡教师工作与生活的挑战！

其次不可思议的是他们的任务多。在新加坡，每位教师都是班主任，对于班主任工作的纷繁复杂性，我们老师都有很强烈的体验，这里就不赘述了。需要说明的是，他们班主任没有报酬。在工作上，与我国不同的，还有给学生写推荐信、组织学生参加社区服务工作，等等。相对来说，这对老师的社交能力有较高要求，然无人能回避。不过这不算重点，重点是新加坡的每位老师都需参与课程辅助活动。前文我已有相关介绍，新加坡非常重视课程辅助活动。他们的初中一周有2～3次课程辅助活动，每次3～4小时。课程辅助活动期间，有的老师具体负责其中一门课程，其实就是负责所有；有的老师作为组织者参与其中，做好学生的管理、活动的保障以及学生课程辅导活动成绩表现等级的评定，等等。

除此以外，每位新加坡老师都是学校委员会的一员。新加坡不同学校根据不同情况设立委员会，比如有的学校会设立外事部，主要负责对外接待工作；有的设立纪律组，负责老师工作考勤和学生在校的行规管理；有的设立职业、奖学金和高等教育，负责联系企业给学生争取奖学金，联系高等教育给学生提供了解高校的机会，以及申请学校所需的信息；有的设立学生领袖培养委员会，负责组织开展培养学生领袖能力的活动，等等。这些委员会岗位的设置确定后，每年年初由学校和教师双向选择。一般来说，一项委员会工作一旦确定，会让这位教师至少负责三年。

给我们上课的洪老师分享了她的“新年校庆”项目。前期制定尽可能详细的计划、实施方案；活动过程中她自己既是策划者，又是组织实施者，在活动中随时优化方案；工作完成后，要开小组会进行反思、总结，然后写总结报告，最后把所有记录打包存入网络档案，便于他人取用。

最令人惊讶的莫过于教师主持并负责这类项目涉及的经费预算、进政府平台采购相关物品、邀请嘉宾、动员志愿者协助当天活动等每个细节、每个环节，都由这个项目团队的老师具体负责到底。我们不由感慨，新加坡学校的老师把我国学校中行政团队的活儿都干了，工作是忙碌，但真的挺能锻炼人。

新加坡教师工作这么富有挑战性，教师们能够胜任吗？能有良好心态把这些事都做好吗？洪老师说："新加坡的老师都是经过慎重选择的，绝大多数都是有情怀的，都很努力，谁也不会偷懒，更不会抱怨。"

由此，我想到了国内教师的职业状态。就工作量而言，我国初中主要文化课教师一般每周10～12节（每课时40分钟或45分钟）。除此以外，文科教师每天早晨负责30分钟或40分钟的早自修，理科教师每周承担两次课后作业辅导课，毕业班的老师的课时数还会适当增加。折合课时，每位教师每周有16～18节，比新加坡的老师每周少8～10课时。但我们的老师也是每天忙忙碌碌，回家备课也是常有的事儿。除此以外，我们老师兼任班主任工作的，更是每天忙得不可开交。但我们毕竟没有必须参与的课程辅助活动以及必须介入的学校委员会的事务。我很纳闷儿：新加坡教师怎样协调教学主业与学校其他事务之间的关系呢？

首先，是不是新加坡教师的综合素养确实高于我国的教师？教师职业素养，不仅仅包括教师的教育情怀、专业素养，还包括处理事务的综合性能力。听洪老师分享她如何策划学校"新年校庆"活动，方案设计包含晴天版和雨天版，财务预算有富足版与精简版，她精准地核算并尽可能不浪费一分钱的做法，从想方设法邀请最有影响力的嘉宾给活动扩大影响到给学生留下教育意义，我深深地意识到，这在我国很难是由一个普通老师就能驾驭的事情。

其次，他们的专业素养及专业成长路径设计并不完备。课堂上，我们曾经问老师，新加坡老师的专业提升，学校是如何进行校本培训的？透过老师闪烁其词的回答，我们感觉这块工作他们几乎处于零的状态，而老师们从事教育工作前仅有两年的教育学院培训经历。可以断言的是，虽然新加坡教师综合素养一定在全球居前列，但是专业学科素养方面，与我国相比，相对较薄弱。更何况，他们进入学校以后，除了教育部规定的培训，学校内部的校本培训几乎没有。这种现象的背后，也让我想到了两国教育理念的差异：我们重知识，重能力，能力的提升也更多的是基于知识的获得；而新加坡显然是更重视对人全面素养的提升，重视知识的获得，重视活动过程中的情感体验、价值观引领以及综合素养的提升。

最后，新加坡校园简单纯净到只是教书育人。与新加坡校园的简单纯净相比，我国教师不得不经常性地应付上级行政部门的各类检查、评比、报表、摊派活动等。这些打扰了我们正常的教育教学工作，也是不争的事实。比如，不得不参与的各类文明城市的创建，又如当下的各类“进校园”活动，等等。因为要从娃娃抓起，所以先要把老师的精力抓住了，于是乎，“法律进校园”“环保进校园”“廉洁文化进校园”“非遗进校园”“垃圾分类进校园”等等。不可否认，本来这些“进校园”无可厚非，关键是其背后往往会有督查、检查，甚至要求留痕，有些还要影响原有的课程安排。所幸的是，2019年年底，国家又出台了《关于减轻中小学教师负担　进一步营造教育教学良好环境的若干意见》，也许这一次真的能贯彻落实到基层学校。

比照中、新两国教师教学生活常态，我们可以明确看到，无论在哪一个国家，教师都是很艰辛的职业。新加坡“全人教育”对教师素质要求更高，中国对教育教学的质量以及教师专业水平提升要求更高。两国之间可以互补的是，新加坡教师参与委员会的工作对教师综合素质与能力有很大的锻炼与提升，值得中国学习；而中国教师专业提升之校本培训的做法也值得新加坡借鉴。

当然，中、新两国都应该给老师适当减负。在新加坡，在课程辅助活动上，教师专业课时可以适当酌减，如此可以腾出一些时间让老师针对自身专业进行进修、学习、培训等。虽然新加坡的教师培训表面上看起来每年有100课时，有津贴的保障，但事实上因为时间冲突，不少教师的培训得不到保障。我一直认为，脱离课堂教学、教育情境的培训会导致教师的体验与认识终究比较肤浅。中国教师的减负重点在于各类“进校园”、各类检查评估等。关于“进校园”的各项内容，教育主管部门可以牵头将其统一纳入学校课程；至于各类检查评估，学校更可以进行改革，自由申报、自行评估，三年度或五年度一次综合性的评估也许更有利于学校发展。减负不仅是为了教师更幸福、更有品质的生活，更是提升教师教书育人水平的有效手段。

2020年1月1日

不该缺失的教师“人际交往课”

想写这篇文章，一是被一周内连续给我们上了两次课且一次比一次更富激情的新加坡南洋理工大学陈亚凤博士的敬业精神和蓬勃激情感染；二是因为陈博士的两个报告，无论是介绍教师专业发展的各类课程，还是描述《新加坡品格与公民教育课程标准》之21世纪技能框架和学生学习成果（见图18），都浓墨重彩地提到了人的“社交与情绪管理技能”。而这个话题，让我忽然也想说点什么，此处，姑且说说教师的人际交往。

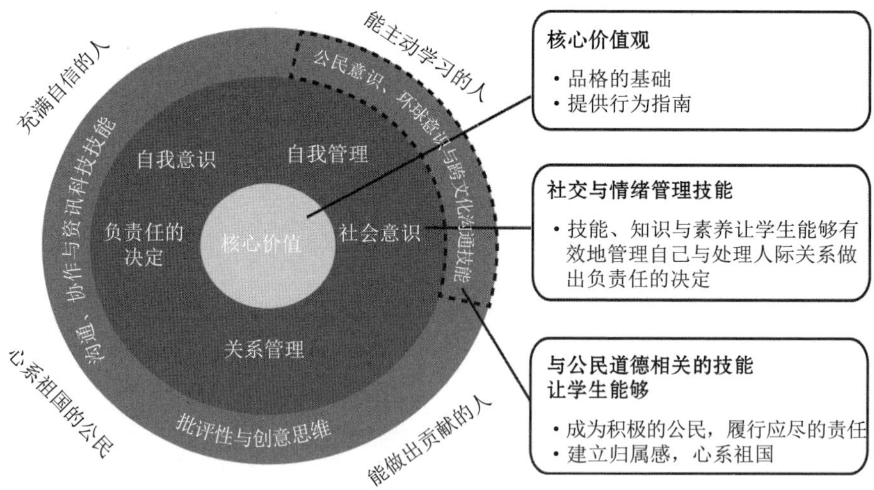

图 18　21 世纪技能框架和学生学习成果

今年5月的一个傍晚，我们全家人聚在一起共进晚餐。同是教师的丈夫无意间分享了因学生矛盾而引发的家长到学校申诉，身为班主任的他如何成功化解矛盾的事件。工作将近30年的我，听这事也就如听故事一样，云淡风轻听过作罢。没想到入职教师队伍还不到一年的女儿却突然要求他细细道来，且一个案例听了不够，请求能否再分享其他的“经典”案例。我很惊讶！女儿说：“妈妈，我以后肯定要独立带班的。我现在最怕的就是班里孩子出现了意外，然后有的家长真的会在我们班家长群不依不饶地讨说法。现在每次有这种情况，我都会把我们主班老师的回复一一记下来的。”那一刻，我忽然意识到，原来在教师的成长道路上，包括师范院校的课程里，都缺少了“人际交往课”。

回顾教师的成长历程与生活环境，他们在人际交往上较之公务员、商人、公司高管等职场精英要弱很多似乎也在情理之中。虽然教师是长期与人，当然主要是与学生打交道的职业，但是教师一般都是从学校毕业后直接走进学校工作，半生甚至一生走来，与人交往的关系里大部分是师生。在现有的师生关系里，更多的是基于知识获得的交往，缺少的是基于人的全方位成长的交往，且教师又常常处在相对强势的一方，这就造成了教师人际交往的单一性和单薄性。此外，教师工作强度大、压力大，下班之后也常常在家里备课而不是出去应酬或与其他人交往，这更导致了教师缺少与各类人交往的机会。

在学校每学期的“教师满意度调整查”里，教师不被部分学生接受并喜爱就是一个例证，而绕不开的与家长交往更是正如我女儿那样的新教师急需要的人际交往课。

这是这个学期开学没过多久的事：一个星期三的晚上，将近九点了。像往常那样，我正在办公室回顾当天的工作，并准备梳理明天的工作。忽然，传达室保安打来电话：“校长，这里有一对夫妻要来找你。”我一边让保安把他们带到我的办公室，一边猜测可能发生的让家长不满意的事情。

果然，进入办公室后，这对夫妻还没等坐下就直接投诉一位年轻的班主任。我给他们倒了杯茶，请他们坐下，让他们喝口茶慢慢说。经了解，他们的孩子白天在学校上课时因做平板作业而被某位任课老师当众严厉批评，孩子回家后觉得非常委屈，家长便打电话给班主任询问原委。我们的班主任接到家长电话后，一是竭力否认不可能有这样的事情，因为家长所指的老师是班主任眼里非常优秀的老师，所以不可能会有这样的事情；二是在孩子上课时间做平板作业是不是违规就该被其他老师严厉批评的问题上，该班主任与家长产生了严重的分歧，并在电话里有了观点对峙；三是家长在与班主任沟通不愉快的情况下开始历数孩子不能融入班级的状况，并归因于班主任所带班级不够温暖、对学生不够关爱，等等。于是本来就带有一些火药味儿的电话问询演变为电话争吵，最后升级到家长跑到学校找我调解。

事情讲到这里，我们就可以断定这是一件典型的教师人际交往危机事件。在与家长交往的过程中，我们这位年轻的班主任如果在第一时间告诉家长，请家长不要着急，第二天一定会去同学和老师那里了解情况并及时告知家长，我想后边的演变升级就不会发生。或者我们这位年轻的班主任在接到这个电话后，希望家长把电话转给孩子，让他听听今天孩子到底受到了怎样的委屈，并对孩子进行情绪的安抚后，再与家长电话沟通，家长也不会如此着急与生气。至于孩子当天的行为是否恰当，本不适宜在电话里讨论。遗憾的是，我们的班主任不懂得人交往中的“共情”，不会设身处地站在家长的立场来考虑问题，所以一开始就处于交往失败的状态了。

事实上，像这类例子，家长虽然采取偏冲动的方式，但还是本着解决问题的目的来学校进行了沟通。最后家长与班主任也达成了良好的共识，但也还有一些家长多次与老师沟通无效后，从此对老师不信任，对班级或学校工作不支持，甚至对学校失望而宁可让孩子转学。这种沟通彻底失败的例子虽然不多，但即便一例也会给学校和教师带来不可估量的损失，更会给孩子的成长带来不利影响。

由于现在的新教师是独生子女一代，从小到大集两家两三代人的宠爱于一身，容易滋生或养成“自我”“任性”等个性，他们不太善于体谅别人，也不太懂得换位思考，因而在与家长的交往中，往往更容易产生交往危机事件。

我国教师需要“人际交往”课。那么，什么是人际交往呢？人际交往也称“人际沟通”，是指个体通过一定的语言、文字或肢体动作、表情等表达手段将某种信息传递给其他个体的过程。社会学将人际关系定义为人们在生产或生活活动过程中所建立的一种社会关系，心理学将人际关系定义为人与人在交往中建立的直接的心理上的联系。

人际交往能促进深化自我认识，有助于我们找到自己的社会位置，扮演好自己的社会角色；也能促进社会化进程，是我们生活的一部分，贯穿于每个人生命的始终。良好的人际交往能力是青少年社会化的起点，是其将来在社会立足的生存需要；人际交往是实现人生价值的桥梁，人生的意义在于奉献，而人际交往是我们奉献的桥梁。

新加坡将“社交与情绪管理技能”作为21世纪技能框架与学生学习成果的重要组成部分，写进国家《小学品格与公民教育课程标准》，并明确其标准为“有效地管理自己与处理人际关系，做出负责任的决定”值得我们学习、借鉴。

为落实这类公民素养与技能，新加坡开设一定数量的课程辅助活动及社区服务，让孩子们在活动或服务中扮演至关重要的角色。学生从小学三年级开始到初中、高中，甚至到大学阶段，都必须参加这类活动。这些活动对学生全人发展、品格塑造及奉献精神起着积极的作用，包括自我情绪的管理与人际交往能力，都是在这样的活动中逐步得到锻炼与培养的。课堂上，我们担心这样的活动能否得到保证时，陈博士笑着对我们说：“放心吧！新加坡的改革是彻底的。”因为课程辅助活动的分数纳入学生升大学的总分。

新加坡同样重视教师的“社交与情绪管理技能”。在教师的考核评估中，“有效与人协作”被纳入“工作能力”考核指标，能力描述为三点：一是人际关系与技能：建立良好关系；具备有效沟通与说服能力；重视他人意见；友好地处理不同看法以获得双赢。二是合作与团队建设：与人有效合作，表现团队精神；提升伙伴的团队精神，克服困难以实现共同目标。三是校内与校外的合作伙伴：为达到以学生为中心，价值观为主导的教育目标，与同道利益相关者及社区建立持续且良好的关系。

比照新加坡，反观我们中国的教育，我们的“人际交往”课亟须补上，对学生如此，对教师同样不能缺失。正如前些天广州市高薪招聘清华北大高才生从事基础教育，引发媒体“让最优秀的人来教更优秀的孩子”的热议，我想，将教师“人际交往”课补上，可以让“最和谐最温暖的人”来教未来社会需要的“更和谐更温暖的人”，从而推进国家乃至全人类和谐文明发展！

2019年11月9日

学生的“团队精神”该不该忽略？

我们学校公众号的一期推送了我的访学体会短文——《教师的“人际交往”课该不该缺失》。这篇文居然引起了很多朋友的关注和认同，甚至有资深教育人士进行了转发推荐，实在让我惊喜又感动！此处，我想就“学生的团队精神”谈谈自己的看法。

随着时代的发展，尤其是进入这个人人都在喊“未来已来”的时代里，教育无疑越来越受人们的重视，也越来越引发人们的思考。变幻莫测的未来社会需要什么样的人？今天我们又该培养什么样的学生？怎样才能让学生面向未来做好准备？新加坡教育科技署署长、教育专家及南洋理工大学教授们给出的答案是“全人教育”。

在“学生第一”的卓越学校模式的核心价值观里，新加坡明确提出“全人教育”就是提倡学生的全面发展，除知识技能外，能力与价值观的培养已越来越成为教育关注的焦点。“全人教育”要求现在的学生不仅要掌握书面知识，还要掌握21世纪需要的各种技能，包括批判思维、沟通能力和团队精神等。新加坡三维育人目标的架构，从知识到能力，再到价值观，全方位阐明了他们对人全面成长的要求。我惊诧于他们对学生“价值观”培养的高度重视，并不亚于我们大力提倡的“立德树人”。囿于篇幅，我想围绕“学生的‘团队精神’

该不该忽略”这一话题谈谈自己的看法。

关于什么是团队，最形象的说法莫过于广为流传的那句——“人在一起叫聚会，心在一起叫团队”，它很直观地指出了团队的关键在于“聚心”“凝心”。“团队”概念出现于1994年，由美国著名的组织行为心理学家斯蒂芬·罗宾斯提出，团队是为了实现某一目标而由当时相互协作的个体所组成的群体。那么，什么是“团队精神”呢？团队精神就是为实现某一目标而必须具备的大局意识、协作精神和服务精神，反映的是个体利益和整体利益的统一。从团队概念正式提出的时间来看，它是一个比较新的概念；从“团队精神”的内涵来看，其核心是协同合作。如此看来，将“团队精神”引入学校教育，并使之成为培育学生的目标之一，新加坡的教育理念实属先进。

未来社会需要懂协同、善合作的人，正如新加坡教育科技署前副署长林保圣对我们浙江校长班提出的课堂之问：“您能告诉我，未来社会哪一项工作不需要协同合作？”未来社会更是一个追求“共赢”的社会，习近平总书记在党的十九大报告明确提出“坚持和平发展道路，推动构建人类命运共同体”是对中华优秀传统文化的创造性转化和创新性发展。他说：“人是一种社会存在物，自人类从动物中走出来那一刻起，就过着一种共同体的生活。人只有在共同体中才能生存和发展。”

在当代，懂合作、善合作的团队越来越被更多的人所重视。如华为技术有限公司创始人任正非直言：我们需要最高战斗力的团队。全国人大代表、苏宁控股集团董事长张近东也公开表达：“当一个企业同时具备个人素质高的员工和战斗力强的团队时，那才是最具竞争力的。”“团队精神”如此重要，然而，我国学生“团队精神”的培养却处处被忽略。

首先，成长中“分享”的缺失。目前我们学龄期的孩子大都是独生子女，成长中，由于长期集两家三代人的宠爱于一身，易养成“自私”“任性”“自我”的个性，幼时最明显的表现就是不懂“什么叫分享”。比如，在幼儿园里，不愿意与小伙伴一起分享自己喜欢的玩具；在家里，习惯将喜欢的东西揽到自己身边，不让别人动；进入小学，虽然对于吃的、玩的不会像幼时那样霸道，但是随着爸爸妈妈们对孩子“儿子，你考得这么好，你真是我的好儿子”，“宝贝，这次你进步这么大，妈妈奖励你一个…”等或口头或行为的“表扬”，他们的个体竞争意识逐渐强化，在学习中的“自私”表现也开始日益明显。比如，有些孩子做出了难题，不愿意跟其他同学讲解；面对同学学习进步，或者被老师夸赞，真心替同学高兴的不多，多的反而是嫉妒者。

纵观这一代孩子的成长历程，我们会发现他们一路走来缺少“分享”行动，缺少“分享”的快乐体验，缺少对“分享”的意义和价值的理解。更可悲的是，无论家长还是孩子本人，缺失了“分享”还不以为然。我想，分享与协同合作犹如孪生姐妹，会分享的人才会懂合作，懂合作的人必定善分享。如果一个孩子从小不懂也不会与人分享，处处以自我为中心，长大了我们怎么可能要求他与人合作，怎么可能让他具有“团队精神”？

其次，环境中“物质”的影响。在举世盛赞我们改革开放40多年来巨大成果的时候，作为当代中国人，我以为我们更需要冷静分析、清醒判断：经济的飞速发展让我们摆脱了贫穷，但人类真正的幸福肯定不仅仅是物质的满足。综合国力的提升让我们有了“强势归来”的种种迹象，但是我们要实现从“富起来”到“强起来”的伟大中国复兴梦，还需要一代又一代有理想有抱负的中华儿女进行艰苦卓绝的奋斗。

然而，在这个从“物质”到“精神”的转型期里，我们很多国民的思想还停留在“物质时代”的“小农经济”时代。以我所处的杭州未来科技城板块为例，由于城市化快速推进，城郊接合部的本地居民霎时成了拥有3～5套房子的“暴发户”。10年前的他们还在为自己的衣食住行努力奋斗，10年后的他们，人生目标突然如此轻易地全部实现，人生的迷惘也因此随之而来。曾有一位家长对我们的学生说：“儿子，你不用努力了，我们家有4套房了。”

当社会正悄悄地从物质时代向精神时代转变时，家长的观念依然停留在物质时代，满足于人类第一层次生理需求，并依然以这样的目标去引领他们的孩子。这时，我们的孩子就容易成为那个满足于“物质需求”缺乏“精神追求”，而最终成为一个缺少“大爱大德大情怀大担当”的精致利己主义者。试想，面对一个精致的利己主义者，我们又怎么去激发他的大局意识、协作精神、服务精神，从而激励他成长为一个能将个人发展与民族命运紧密结合的有担当的青年呢？

最后，课程中“团队”的困境。2016年9月13日，北京师范大学举行的中国学生发展核心素养研究成果发布会，预示着我国基础教育课程改革从三维目标时代迈向了核心素养时代。核心素养，主要是指学生应该具备的、能够适应终身发展和社会发展需要的必备品格和关键能力，涵盖人文底蕴、科学精神、学会学习、健康生活、责任担当、实践创新六大素养，是落实立德树人根本任务的一项重要举措。细致分析核心素养结构图，追踪它的18个要点，我们发现其中没有学生“团队精神”这一显性培养目标，但它又渗透在某些指标里，比如“学会学习”“责任担当”“实践创新”，等等。这样的表述恰恰需要我们进一步去挖掘其内涵，这样它才能得以保证，才能得以落实。但尴尬的是广大的教育工作者竟然有意无意地忽略了。课程中“团队”的困境是造成这一现象的主要原因，主要表现在两方面。

一是课程目标引领不够。前文已指出，团队精神是为实现某一目标而具备的大局意识、协作精神和服务精神，反映的是个体利益和整体利益的统一。但在现行的课程评价标准里，鲜有对学生团队目标与任务的考核评价来驱动学生全面发展，更缺乏“面向未来发展”与“指向当下成长”的教育深度融合。于是，当指向学生“未来全面发展”的诸如学生团队目标与任务的完成考核评价未纳入家长最在意的中考与高考时，能有效培养学生“团队精神”的任务此刻变得可有可无，不少家长、老师与学生甚至会毫不介意地选择放弃。

二是课程活动过程不够。我们很清楚，“团队精神”的养成必定是在任务驱动下，伴随着具体情境的发展演变而逐渐形成的。通常课堂中“小组合作”学习虽名曰“合作”，实际无法体现“团队精神”里“协同合作”之核心。协同合作之真正要义是，面对任务，团队成员共同制定目标，共同寻求策略，共同完成任务；在具体的实施过程中还要不断调整完善，注重沟通与协调，树立全局意识等。如此，我们只有将当下倡导的研究性学习、综合实践类活动、STEAM项目制学习等真正落实，真正指导学生去设计活动、去过程实践、去结果考核，学生的“团队精神”才能在这课程活动过程中得到真正的培养。

我十分欣赏新加坡“全人教育”理念下扎实推进的学生课程辅助活动。他们的扎实在于目标清晰：为促进社会融合，培养团队精神、自律及责任感；在于明文规定：鼓励三年级小学生参加，中学生必须参加；在于课时的明确：每周活动2 ～ 3次，一年安排活动30周；在于设计开放：跨越不同课程和不同年级；在于评价彻底：学生课外活动纳入升学总分。

指向孩子，面向未来，比照新加坡，反观我们的“团队精神”培养，我想我们该做且能做的还有很多。

2019年11月14日

世界那么大，你凭什么去看看

——给仓中追梦少年们的一封信

2015年4月14日早晨，河南省实验中学女教师顾少强的一封辞职信引发热评，辞职的理由仅有十个字："世界那么大，我想去看看。"网友评："这是史上最具情怀的辞职信，没有之一。"经采访得知，顾少强作为2004年7月入职的心理教师，已经任职11年之久。如此任性的辞职信，领导最后还真批准了。

"世界那么大，我想去看看"，多么令人激动向往且幸福美妙的事啊！孩子们，不仅是你们，这对成人来说也有无限诱惑力。然而，亲爱的孩子们，世界那么大，我们真的可以很任性地说看就去看吗？在新加坡南洋理工大学的访学遭遇，却让我深深咀嚼出了"世界那么大，你凭什么去看看"的尴尬和无奈！

那是12月底的一个周末，我们五个学员决定结伴去新加坡国立大学看看。新加坡国立大学乃国际顶尖大学，作为教育人的我们对之神往已久。从南洋理工大学到新加坡国立大学需乘公交车再转两趟地铁，幸亏有同伴事先做了攻略，一路比较顺利。然在出口我们只看到A出口、B出口、C出口，却怎么也找不到我们必经的D出口了。

"赶紧去问路吧！"我们一致把活泼伶俐的小林推了出去。在新加坡问路，不算是一件难事，因为这里新加坡华人占新加坡全国总人口的75%，他们绝大部分都会说华语。但不巧的是，小林问了几个人居然都不会说华语。望着地铁口来来往往的行人，墙上满满的英文标志，我们几个浙江“名”校长，就这样在新加坡的街头傻眼了。

孩子们，此刻是不是轮到你们替我们着急了？这其实只是我在新加坡遇到的很多个尴尬场景中的一个。因为不会说英语，也看不懂英文，所以我们平时基本不敢单独外出，更不用说向外国友人了解当地风土人情了。而像我这样天生胆小的女性，置身于一个陌生的环境，看着或黑皮肤或白皮肤的陌生人从身边穿过，我却无法与之沟通交流，孤独感、陌生感，有时甚至还会有强烈的不安全感会无端生出！

因此，新加坡访学两个月有余，我基本还是与国内的学员聚在一起，学习、吃饭、游玩、住宿，说中国话，讲中国故事，看中文版著作。除了课堂上有机会与新加坡老师交流，我依旧处在一个比较封闭的中国人圈子里，对新加坡了解不够丰富，甚至不全、片面。孩子们，这回出了国，我才知道，在国内能说会写的我到了新加坡，竟然听不懂，看不明白，说不出来。如此，我们凭什么来看世界？

当然，会说简单的英语并不意味着你就一定可以看世界。在这次访学生活中，我们接触了很多博士、学者、教授，但是他们的中文水平也是参差不齐。会说一口地道中文并且能引经据典的博士，常常会收到我们学员热烈的掌声和钦佩的目光，如给我们讲授管理艺术的吴伟博士。他引用纪晓岚的名言“多少事，都在古人的书中说尽”并在讲课中每抛出一个观点，都会用孔子、庄子或老子等诸子以及历代中国哲人的名言或诗文来论证、阐述，让我们有深刻理解的同时，也让我们佩服得五体投地。有的虽拥有博士学位或学者的身份，但中文表述会有词不达意或表述不够精准的情况，惹得我们在课堂上忙不迭地替他换词改病句。尤其像我这样的语文老师，不换不改就难受得不行，以至于课堂偶有一些小浪花。

孩子们，你们一看就明白了吧，对于这样的专家教授，其实中文于他们仅是能简单交流的工具，他能给你说有这么一回事儿但说不出丰富的内涵、隽永的含义，甚至让你体会不到审美的情趣，实在是令人遗憾！由此，我想到了这种情况如果是在跨国公司合作项目洽谈时出现，会不会影响彼此的合作呢？

语言是交流工具，但绝不仅限于浅层交流，其背后的思维方式、文化背景，我们了解吗？我们每一个人不仅要会说第一、第二甚至第三语言，还需深谙其中的思维方式与深厚文化。这样你才可以有底气地说："世界这么大，我能去看看！"

新加坡是一个英语为第一语言、母语为第二语言的双语国家，用他们的话来说，"如果你懂英语，你就能拥抱半个世界；而假如你懂英语和母语，你就能拥有整个世界！"新加坡虽然地小、人少、资源匮乏，却能成为"亚洲四小龙"之一，能成为当今世界第四大金融中心，除了因为坐拥马六甲海峡独特的地理优势，还因全国人民的第一语言——英语。英语让他们可以与占世界绝大多数英语系先进发达国家进行无障碍交流。

目前，我们中国正走在民族伟大复兴的道路上，全球化时代，合作共赢才是各国相处之道，自我封闭孤立只能损害自身利益。这就要求我们当代中学生要有中国情怀、国际视野。那么，什么是"中国情怀、国际视野"呢？

"中国情怀"，即"家国情怀"，这是一个人对自己国家和人民的深情大爱，是对国家富强、人民幸福的理想追求，是对自己国家民族的认同感和归属感、责任感和使命感。"国际视野"，也就是国际眼光或者国际视角，即能够站在全球或更广阔的视野来观察并思考人类命运及发展。这就要求作为当代中学生的我们，敞开胸怀去了解世界，融入世界，并且有服务世界的情怀。

对祖国的深情厚爱、对人民的使命责任，古往今来，一直都在极大地鼓舞士气，凝聚力量，振奋精神。《礼记·大学》曰："古之欲明明德于天下者，先治其国；欲治其国者，先齐其家；欲齐其家者，先正其心；欲正其心者，先诚其意；欲诚其意者，先致其知，致知在格物。格物而后知至，知至而后意诚，意诚而后心正，心正而后身修，身修而后家齐，家齐而后国治，国治而后平天下。"这就是说想在天下弘扬光明正大品德的人，先要治理好自己的国家；要想治理好自己的国家，先要管理好自己的家庭和家族；要想管理好自己的家庭和家族，先要修养自身的品性；要想修养自身的品性，先要端正自己的思想；要想端正自己的思想，先要使自己的意念真诚；要想使自己的意念真诚，先要使自己获得知识，获得知识的途径在于认知研究万事万物。通过对万事万物的认知研究，才能获得知识；获得知识后，意念才能真诚；意念真诚后，心思才能端正；心思端正后，才能修养品性；品性修养后，才能管理好家庭家族；家庭家族管理好了，才能治理好国家；治理好国家后，天下才能太平。

因此，亲爱的孩子们，“世界那么大，你凭什么去看看”的首要任务是把自己的祖国建设到足够强大，让你自己有足够的实力与底气。我在新加坡访学期间，这种感觉尤其强烈，祖国强大，我们在外面才会得到别人的尊重。然后，请你掌握多种语言，这样才能实现沟通交流无障碍；请你深入了解异国文化，熟悉他们的思维方式，与他们平等对话；请你兼具“中国情怀”与“全球视野”。那时，拥有强大的祖国做后盾而又拥有丰富知识的你，一定能“任性”地走遍世界，并尽自己最大的努力传播中国文化，影响世界发展。

我相信，你们中间一定会有！是你，是他，是你们中的任何一个有远大抱负、坚定信念的追梦少年！

孩子们，加油！

2019年12月24日

如何让“家国情怀”落地

初看这话题，很大，易泛，不好驾驭。但却是我在新加坡访学的三个月里感受最强烈的。回国后，如果让我选一个话题与同事、和朋友交流畅聊，我想我会选择它——家国情怀。

一、关于“家国情怀”

家国情怀是人类最朴素的情感。爱国爱家是谁都会的事儿，但在日常生活工作中，爱家是实实在在的事儿，而爱国却显得有些无处着力。然而这次走出国门，我终于真切的体会了什么是爱国。

体验1：国家强大，人民有尊严

小琴有位工作、生活在新加坡的朋友，听闻小琴要在新加坡学习三个月，十分热情地要尽地主之谊。听小琴说，她的这位朋友乃浙江缙云人，大学毕业后入职新加坡某公司。

席间，小琴听到了这样的故事。

初到新加坡准备与儿子、媳妇一起欢度春节的朋友父母，傍晚到楼下小区散步。当新加坡本地居民初遇这两位来自中国的老人时，眼里流露的是满满的同情，“哦，中国过来的，穷”。当朋友的父亲——一位退休的老干部对新加坡老人讲他的退休金有多少，在中国可以拥有怎样的生活水平后，新加坡老人满是惊讶甚至觉得不可思议，进而是尊重和羡慕。新加坡是一个推崇“活到老学到老，活到老做到老”的国家，进餐厅用餐，你不必惊讶60多岁的老人们在端盘子、擦桌子，跑腿。当新加坡“不养懒人、不养老人”的社会制度遇见中国的养老制度时，两国政策孰优孰劣立见分晓。

走出国门我才知道，很多人对国外老百姓的生活生存状态其实不十分清楚，甚至会把片面当全部，包括华人占全国总人数75%的新加坡，他们的国民对中国改革开放以来的巨大成果不了解，对中国日益进步的社会风尚也没有感受与体验。

在新加坡的日子里，我们无限感受到祖国的不容易，也更清醒地认识到综合国力提升的重要性。

体验2：学校强大，教师有尊严

连接国家和个人的是我们赖以生存与发展的工作单位，就教师而言，那就是学校。学校是我们实现自我价值的平台，是引领、助力学生成长的空间，是我们将爱国情怀付诸行动的舞台。

新加坡致力于打造好每一所学校，称每一所学校都是好学校，但小学毕业分流导致中学被分成三六九等。给我们上华文戏剧的周老师分享她刚工作时进的邻里学校（末流学生为主），学生在课堂上纪律涣散到让人无法驾驭，更有甚至直接挑战教师的威严。无奈之下，她再去考研，如今在新加坡华侨中学任教（全国排名前四），在那里，她得到了教师应有的尊严与成就感。

近年来，我们学校在全体教师的共同努力下，一举打破杭州市余杭区初中既有格局，跻身一流学校行列：教学质量稳步攀升，学校内涵实现跨越式发展，课程教学改革深入推进。而随着学校的发展，我们教师也逐渐赢得了职业的尊严和价值。比如，家长对我们教师的认可和尊重，对学校工作的理解和支持；教育主管部门对学校的高度评价，诸如浙江省现代化学校、浙江省教师发展示范校、杭州市首批美丽学校、杭州市首批提质强校试点学校等荣誉的获得；教研主管部门对仓前实验中学教师专业成功长的助力，短短六年间我们拥有了一名浙江省特级教师、两名省教坛新秀、八名杭州市教坛新秀，建成了一个杭州市名班主任工作室。尤其是全校教师感受到了来自学生的信任、学生对学校强烈的认同感和归属感，以及学生向上生长的力量。这些都让学校的每一位教师感受着职业的美好、存在的意义。

当然，我们不能躺在功劳簿上睡觉；学校核心工作的推进需要每一位教师继续砥砺前行。当前，学校正像一艘扬帆起航、乘风破浪的大船，而我们每个老师都是奋力划桨的勇敢的水手，我们只有众志成城、全力以赴，这艘大船才能带着我们驶向远方，载着我们看遍美丽的风景。

我想，我们每个人都有三个“家”，祖国、学校、小家庭，这三个“家”的命运息息相关，没有国哪有家？没有学校也没有我们的尊严！所以我们都要学会正确地爱他们，学会为“家庭、学校、祖国”的兴旺、发达、美丽、强大而竭尽所能，学会维护她的声誉不被别人污损，学会像爱自己的小家那样爱我们的学校我们的祖国。

二、关于“教育追寻”

作为一名教师，努力实现自身的教育价值，就是践行最基本也是最深沉的家国情怀。那么，什么样的教育价值值得我们去追寻呢？

体验1：培育“国家需要”与“个人成长”相统一的人

曾几何时，我们总是强调个人幸福，而忽略了国家需要，甚至在很长一段时间里将两者对立起来，这是多么愚蠢的想法。我们学校“教育，为学生有意义人生奠基”的办学宗旨，恰是体现了两者和谐统一的教育价值观，即将学生个人幸福与祖国民族富强紧密结合，培养有大德大爱大情怀、有格局能担当的时代新人，是我们仓前实验中学的追求，是每位教师对教育价值的追求。新加坡教育使命“教育，我们塑造国家的未来”，折射的同样也是他们对教育的追求。

前面几次提及，新加坡面积小、人口少、资源匮乏，但他们却能依靠自身人的人力资源优势，让国家成为“亚洲四小龙”之一，成为国际第四大金融中心。这与新加坡始终致力于培养国家需要的人的战略目标是分不开的。

在我国，我们提出教育的根本任务是培养社会主义建设者和接班人。老师们不必羞于启口，以为高、大、虚、夸，事实上，我们恰恰需要将“国家需要”与“个人成长”完美结合的人生价值追求，时时和学生讲，处处跟学生说，增强学生的使命感与责任感，使之内化为学生穷其一生追寻的人生价值，助推并引领他们成为有情有爱有大义有担当的社会主义接班人。

体验2：培育“现实发展”与“未来发展”相统一的人

新加坡培育“充满自信的人、能主动学习的人、心系祖国的公民、能做出贡献的人”，尤其致力于顺应未来世界瞬息万变的人的综合素养的提升。

如何谋划当下发展，思考并架构未来发展？新加坡基于国家视野、国际视野、未来视野三统一的育人视角，做好教育发展的顶层设计，秉承“以学生为本，以价值为导向，奠定兼具深度和广度的教育基础，让学生终身受益”的教育宗旨，制定了有效且已落地的制度。

基于全球化、科技的迅速发展、世界发展的大趋势，以及学生背景的改变，新加坡倡导“少教多学”的策略，他们削减课程分量，全面改革课程内容；推行思考课程，培养创意思维；加强信息技术教育，开放教材市场，等等。新加坡教育部部长王乙康先生说：我们要“多途径，新机遇”支持国人发挥潜能，实现志向。

比照新加坡，我们也需要不断扩大自己的视野。“坐井观天”容易骄傲自大、裹足不前。对于学校发展，我们不能因目前的成绩而懈怠；对于个人，我们更应该走出学校，走向全国乃至国际，看看别人的精彩，思考我们该走向何方。

这些年来，得益于大家的努力及教育局的信任，我经常有机会参加各类培训。培训激活了我的思维，开拓了我的视野，激荡着我的灵魂；同时激发了我的忧患意识，时时警醒我，尝试站在时代发展的前沿看我们的教育发展，以未来视角审视我们的学校教育。

我们常说：“没有分数过不了今天，只有分数走不过明天。”这话表明我们对教育已然有了较为深刻的认识。当下的学校教育，不仅仅是为了助推孩子们拥有知识，掌握技能，帮助他们迈上人生的各个台阶，更重要的是塑造他们正确的“三观”，培养他们以创造性思维为核心的优秀的思维品质以及综合素养，为他们踏上社会能从容应对各种变化、能游刃有余置身纷繁的世界、能在各领域发挥自己的才能奠定基础。因此，我们要更深刻的认识教育的本质，尝试跳出教育看教育，看清社会发展与学校教育的结合点在哪里，看清个体发展与整体发展之间的依存关系，认清两者的结合点如何在教育领域得以落地；我们还要立足过去，跳出现在看未来，看清现实发展与未来发展的相互关系。

作为教师，我们要具有符合时代特征的教育观、学生观。时代特征的教育观对教育功能有全面的认识，全面理解素质教育；时代特征的学生观要求全面理解学生，理解学生的全面发展与个性发展之间的关系，以及现实发展与未来发展的关系。

为了孩子的可持续发展，当今我们的教育该怎样依时代而变？课堂教学该有怎样的深刻变革？育人方式该有怎样的新尝试？我们很清楚，我们缺的不是理念，缺的是孜孜以求的信念，缺的是脚踏实地的行动！

三、关于“成长思维”

将家国情怀落地为教育价值追寻，离不开教师专业发展。提及教师专业发展，不外乎教育教学的能力，因此我们投身于轰轰烈烈的课程教学改革，以技术为着眼点，努力提升专业水平。然而随着时代的发展，我们越来越发现，决定一个教师发展之路的，是技术背后人的思想与思维。成长性思维，是教师专业成长的引擎。

体验1：让思想成为专业成长的动力

思想，也称观念，其活动的结果属于认识。人们的社会存在，决定人们的思想。思想关系着一个人的行为。前文提及的家国情怀就属于人的思想范畴，它指明我们前进的方向，激励着我们不断前行。我们教师要拥有正确的思想、积极的观念，让思想成为我们专业成长的动力。

体验2：让思维成为专业成长的引擎

实现专业成长，仅有正确的思想还是不够的，思维才能让我们拥有成长的能力。

什么是思维呢？指人们在工作、学习、生活中每逢遇到问题，总要“想一想”，这种“想”就是思维。它是通过分析、综合、概括、抽象、比较、具体化和系统化等一系列过程，对感性材料进行加工并转化为理性认识进而解决问题。我们常说的概念、判断和推理是思维的基本形式。无论学生的学习活动，还是人类的一切发明创造活动，都离不开思维，思维能力是学习能力的核心。

赴新加坡前，我曾观摩了我们学校青年教师陈迪文的公开课“大气的压强”，课后有外校老师提问：为什么课堂上要设计那么多的实验？我也曾参与数学组的集体备课，青年教师余萍进行了学思案设计交流，主持人蒋永贵博士提问：为什么你要设计这样的一个环节？记得当时我们的两位年轻老师的回答都很可爱。对于第一问，陈迪文老师是这样回答的：“因为书上有这些实验。”对于第二问，余萍老师如此回答：“因为考试要考的。”我记得当时大家都笑了。他们的回答正确吗？似乎没错。但是这是最关键的吗？好像也不是。

为什么书上要设计这么多实验？为什么这个环节课本上有如此安排？透过现象我们是否应从学习的本质来进行分析呢？

以“大气的压强”课为例，了解“大气压强的存在”“大气压强无处不在”“大气压强很大”，同时我们还要通过许多实验让学生学会观察，学会用科学的语言解释科学现象。因此，在一次次的实验中，教师就是反复引导学生仔细观察，解释科学现象，实践中还要学生遵循解释的三原则：解释要有依据，解释要有顺序，解释要用科学的术语。很显然，这是训练学生思维的关键点，比知识更重要的思维能力训练。学生如果通过一堂课，掌握了如何描绘科学现象，形成了自身的逻辑思维能力，意义远比掌握那三个知识点更重要！

同样，目前我们正在推进学思案设计。经过一年的实践，老师们从最初的“感到崩溃”到现在的“渐入佳境”，这说明人要改变习惯很痛苦，但也说明了习惯是可以改变的。我们看到习惯改变的本质是思维方式的改变。这也就是为什么如此艰难我们还要力推。学思案四问，“学什么”“怎么学”“为什么学”“何谓学会”是回归学习本质的教学四问，可以让教师更清晰地把握“以学生为中心”的高效课堂从何切入，站在更高的平台来思考课堂学习的出发点，即学生核心素养、学科课程标准、单元学习目标、文本学习要求，等等。

当然，我们还可以从四问中进一步引导教师培养学生的优秀的思维品质，即遇到事情，学会从源头来思考，而不至于让忘了初心丢了使命。

走进新加坡，听了不少讲座，我深刻领悟到：现今的教学，不再是传统的知识传授，而是为了促进学生的学习。如此，我可以引申为：如今的教师专业成长，不再是简单技能的习得，而是为了促进教师专业自主提升的思维提升。学习并不是老师教学生做了什么，而是学生自己做了什么。同样的，教师专业培训并不是对教师进行了怎么样的培训，而是教师自己拥有了怎样的成长性思维，有了怎样的专业提升。

新加坡教育的愿景是建设重思考的学校，培养好学习的国民；仓前实验中学的办学愿景是育有梦想的学生，做有思想的老师。两种提法不谋而合，这里的思想，包含了思想与思考力。也许正是因为“知识不再重要，思维才是王道”！

思维促进专业发展，专业发展助力教育价值追寻，教育价值追寻方能体现家国情怀。呼唤老师们致力于三者的和谐统一，这是我访学期间写下这篇文章的初衷。

2020年1月15日

既仰望星空又脚踏实地的陈毅刚校长

陈毅刚校长，男性，中等个儿，50岁左右。初见此人，微笑的脸庞透露出朴实、坚毅，一如其名。据他本人介绍，这是他校长任上的第三所学校。前两所学校在他的带领下，从他接手到五年后他离任，每一所都上了新的台阶，如将第一所学校带入“自治学校”行列，将第二所学校带进“特选学校”行列。因此，说他是新加坡的资深优秀校长一点也不为过。

中正中学校名取自蒋介石的字“中正”。陈校长笑着说：“虽然校名拟定时，征得了蒋介石先生的同意；但遗憾的是，学校创办以来，蒋介石先生从未莅临本校，创办初期亦未给学校投入资金。所以实际上，中正中学与蒋介石先生之间很难扯出实质性的关系。”1939年成立的中正中学，是当时新加坡华人创办的华校，目前有一所总校一所分校。其中，总校是特选学校，义顺分校则三种源流共存，教育教学综合实力在新加坡排名前三分之一，是一所优质中学。

说陈毅刚校长是一位仰望星空的校长，是因为他治校有很高的追求。

他分享心得：只有创建了学校文化，学校才能办成校长心中、家长口中、师生学习生活中的好学校。因此，学校文化建设，是校长永恒的追求！而其中组织文化更是校长需重点打造的学校文化。鉴于上述思想认识，进入中正中学第二年的陈校长基于时代发展的前沿，面向21世纪人才培养目标，适时调整了学校的办学理念体系，如办学愿景：建立积极进取、精益求精、面向未来的领袖社群；办学使命：培育具有全球视野、正确价值观，掌握未来技能的致力于服务社群的终身学习者。从中，我们可以清晰地看到陈毅刚校长对21世纪人才培养目标的准确认识。这是一位优秀校长对新加坡未来人才培养目标的回应与承诺。

与此同时调整的还有学校价值观：正直为本，行以至善、自强不息，饮水思源。陈校长解释道："正直的人格是学做人、做好人的基本品格；行以至善指向的是人的同理心，即21世纪人才应具备的接纳与包容，包括接受不同文化；自强不息是坚韧、坚毅的另一种表达，其中包括对孩子耐挫心理的培养，培养孩子能冷静从容地接收并处理失败的心理与能力；饮水思源是培养孩子的感恩心，现在新加坡的孩子大都不懂分享，这是不懂感恩的具体表现，而不懂感恩的人，未来也将是一个不幸福的人。"综观陈校长的办学理念体系，不仅是凝心聚力，更是贯彻"积极成长、精益求精"的正面教育，体现的是一位校长的成长性思维。用成长性思维影响、引领师生向上生长、面向未来，是陈校长治校的精神追求、价值引领。

当然，对于沿革了80余年的校训"好学力行"，陈校长没有一字改动。他微笑着说："对于第一任校董留下的校训我是不会去更改的，除非我不想活下去了！"风趣的背后是陈校长对学校历史、精神文化的取舍自如，更体现了他对学校文化的传承与创新。

陈校长的"仰望星空"不仅表现在用先进理念文化引领学校发展，还表现在先进办学理念在课程的落地方面。课程是学生成长的跑道，为培育21世纪需要的人才，落实"全人教育"，陈校长不遗余力推进课程辅助活动和公民品格教育。他介绍说，学校保证每个孩子每周必须参与不少于2～3次的课程辅助活动，每次时间为三小时左右。为了保证孩子有更多的选择，保证活动更有质量，学校目前开设了20多门课程辅助活动，且几乎每项辅助活动都重金聘请校外专家指导。

对于课程辅助活动的高度重视，源于陈校长的深刻认识：这是"全人教育"不可或缺的组成部分，它服务于社群，有助于培养孩子自信、与人交往，以及团队领导力等，这也是学校赢得社会口碑的最好载体。在提及服务社群时，陈校长举例说，孩子们去超市帮老人提东西，有一个孩子甚至被拒绝了十次，第十一次才成功地帮助到老人。这个过程就是孩子感受失败的过程，也是培养同理心的过程。有的孩子参加课程辅助活动，有了登上全国大型舞台表演的机会，可以感受光荣，培养自信。

课程辅助活动培养了孩子各方面的才能，学校更是要善于创造机会、搭建平台，让孩子适才扬性，这是陈毅刚校长大力推行课程辅助活动的初衷。抓课程、育未来社会需要的人才，使陈校长的教育理想落地生根、推进扎实、成效明显，也可谓抓住了根本。

陈毅刚校长还是一位脚踏实地的校长，这源于他办学中对细节的追求与对师生成长的真切关注。用科学的评价体系推进课程辅助活动，是陈校长脚踏实地办学的例证之一。他说，指向“全人教育”的课程辅助活动能否成功推进，关键在于考核评价的完善与否。于是，他将课程辅助活动评价指标分为四个领域：参与、成就、领导力以及服务，每个领域又划分1～5个不同等级的完成水平，以此强化学生在课程辅助活动中的参与度、成就感，激发学生的领导力以及为社区服务的热情。比如，每周至少2～3次的参与、达成情况；再如，是否代表班级或学校得奖会有不同的评价；又如，是否参加服务社区的活动等，也是学生活动课程评价的主要依据。学校最后根据学生课程辅助活动四领域、五等级进行综合考评，给予他们一个量化的分数，并且纳入中考、高考评价体系。

课程辅助活动使陈校长扎实落地“全人教育”。与其他新加坡的学校一样，它也是该校全面培养21世纪所需人才的重要举措之一。虽然每一位学生的最终得分在中考、高考中所占比例很小，但是学校重视，家长在乎，学生自然也不懈怠。学校里，每位教师参与学校课程辅助活动，每一个社团往往有3～4位教师参与管理，这为课程辅助活动保质保量增加了砝码。

除此以外，陈毅刚校长还坦言，课程辅助活动对学校知名度、美誉度的提升有很大的宣传力。他说：“如果你要了解一所学校办得好不好，你只要去问出租车司机。如果他们的口碑好，学校一定优质，反之亦然。课程辅助活动让孩子们走进社区，参与服务社群的活动，也为学校在社会上赢得好的口碑获得机会，有所作为。”

当然，每个孩子的需求也不尽相同。我问道："在课程辅助活动与学业成绩发生冲突的时候，学校一般会鼓励孩子做出怎样的选择？"陈校长毫无保留地告诉我，一般是在课程辅助保底完成的基础上，一定是鼓励孩子争取把学业成绩再往上提一把。他的坦诚让我忽然想到他见到我们时说的第一句话："有校长问我，你当校长最大的压力是什么？我想，我们应该是一样的。"彼时大家会心一笑。

望着如此坦诚率真的校长，我忽然心生感动与敬意。在国内，我们也常说："没有分数过不了今天，只有分数过不了明天。"陈校长，作为新加坡基础教育初中段的校长，他的困惑、他的追求，与我们又是何其相似！

陈校长关心关爱学生的成长，还有一个答案也充分体现了他的这份情怀。我们问他："陈校长，学校课程辅助活动，学生公民品格教育怎么设计？有怎样的指导思想？"他响亮地回答道："真正人格成长的课堂在室外，我们要注重对这类课程的设计与实施，包括跨学科学习。这类课程的设计要有趣味，要让孩子们喜欢参与。基于好玩、多元、创意的课程活动，且与生活息息相关的课程，对孩子的成长才具有真正的生命力。"

陈校长关注细节，关心学生成长，同时对教师的成长也倾注了心血。新加坡访学以来，我们大致了解由于学校课务多（周课时35节左右）、班主任事务多（人人都是班主任）、课程辅助活动多（人人参与课程辅助活动）以及参与学校委员会（人人都是学校委员会的成员）的管理事务多，新加坡教师的专业成长中校本培训几乎处于零的状态。正因如此，我对中正中学的校本培训也充满了好奇，然而陈校长的回答让我再次心生敬意和感动。他说："虽然我们的教师很忙碌，但是我们还是有四块保证教师专业成长的设置。比如，注重提升教师对学生学业水平评价能力的培训，侧重于磨卷；尊重教师自我专业成长的需求，保证每位教师参与国家教育部或教育学院推出的教育教学培训；学校有校内'留白'比如每周三有两小时保证让教师参与集体的关于教学及相关问题的讨论；内部学习的保证，主要是定期开设论坛、开放课堂听评课或者同材学习，等等。"说实话，以新加坡教师目前的工作常量，学校还能辟出如此专栏为教师专业成长搭建平台或提供帮助，不正是中正中学陈毅刚校长对教师专业发展高度负责的态度吗？

考察结束后，陈校长关于学生成长、教师发展、学校推进的很多观点给我很大启发。比如，我国孩子的学业也压力大，但我们一定要从培养孩子的自信心入手，进而培养孩子的正能量，从而正向迁移到孩子的学习。我们不能忽视孩子脸上的笑脸！又如，教师专业成长的道路上，我们还必须始终记得我们是为什么，然后再来思考是什么以及怎么样。习近平总书记不也说要“不忘初心，牢记使命”。我想，这也是我们应该时刻警醒自己并鞭策自己不断前进的动力。

在国内众多校长里面，我十分敬佩的是一生守一校的杭州市学军小学原校长杨一青。他用一生的时间办好了学军小学。我很好奇杨校长如何保持热情，不断克服人容易守旧的固化思维，带着学军小学教育人一步一步螺旋式上升，将学校发展为全国名校。他的智慧与勇气，令人敬佩。今天，陈毅刚校长同样让我敬佩，每五年换一所学校，每一次都是新的开始，除了他的“仰望星空”与“脚踏实地”，他又是怎样因地制宜将不同特质的学校推向前所未有的高度，这令我思考良久。

我想，他的理想、情怀、坚守、创造力、勇于接受挑战、常常保持激情，等等，都是我该学习的优秀品质。

2019年1月8日